六点阅读

庄子说道

张荣明 著

华东师范大学出版社

上海六点文化传播有限公司　策划

目　　录

自　序

　　庄子像一个负荷华夏民族几千年智慧的精灵，他才气喷薄横溢，却又鬼差神使、阴错阳差——倘如说，渊源悠久的五千年文明古国的泱泱文化结晶成这样一个精灵，令人更易理解；然而庄子却横空出世，生长在二千年之上，没有汉唐诗赋、宋词元曲、晚明小品……没有这多彩多姿充满着葱茏活泼的盈盈灵气的熏陶，无所依傍；那佶屈聱牙、不可卒读的《尚书》，那举止呆板如仪的《仪礼》，那些布满狰狞凌厉的饕餮纹样的商鼎周彝，能给他以什么灵感呢？

　　庄子独来独往，师法自我，他那宽广的头脑及博大的心灵正是酿造瑰奇哲学的源泉，或者说，是"道法自然"：那亘古已存的蓝天碧海、日月星辰、风霜雨露、电闪雷鸣、天籁地籁，乃是庄子灵感真正取之不竭的渊源。

　　可以说，庄子是千古一绝。每次阅读他的哲学，都犹如进入佛家"因陀罗网"之中，但见奇异风光上下四方重重叠叠扑面而来，大有八面受敌、目不暇接、变幻无穷、气象万千之感。因此，庄子似乎不是黄尘滚滚的大地的产儿，而仿佛是一位天外来客，横空飞来，灵气逼人。

在这本小书中，我想追摄庄子的精魂，对于他部分哲学能加以艺术的再现、创造性的发挥，故虽取名为《庄子说道》，① 却可以看成是庄子与我的二重唱，他中有我，我中有他。

是为序。

---

① 本书原名《哲学怪杰——庄子传奇》，但我的一位谙熟图书出版及销售之道的朋友建议改名为《庄子说道》。我觉得这亦未尝不可。因为庄子的一生，无论是正面阐述自己堂皇的主张，还是侧面与人辩驳诘难，甚至饮酒鼓盆、举手投足之间，何处而不在表明自己的哲学，即在"庄子说道"。

楔子：庄子其人

　　庄子是战国时期的大哲学家，他那瑰奇万状的哲学思想，似乎是一种千古绝响。

　　童年的庄子是否在水中捞过月亮，少年的庄子是否在地上画过八卦……这一切，由于历史风尘的逐渐湮没，人们早已无从知晓。然而，通过一部煌煌的《庄子》，时至今日人们依然可以看见一位千载之上的丰神翩翩、栩栩如生的大哲学家的风貌。

　　庄子是一位奇人。他曾做过一个梦：

　　梦见自己变成一只蝴蝶，飘飘悠悠四处飞舞，逍遥快活不可言说，此时此际，蝴蝶压根儿已忘掉自己原本是个庄子。突然，一阵狂风刮来，蝴蝶一惊，猛然醒来，又变成一个忙忙碌碌的庄子了。

　　庄子摸摸脑门，想道：刚才是怎么一回事？一会儿蝴蝶，一会儿庄子，究竟是庄子做梦变成蝴蝶呢，还是蝴蝶做梦变成庄子？

　　这真是一个旷古奇梦。

　　奇人做奇梦，于是又衍生出无穷的奇思奇想、奇言奇论……

一、庄子与东郭子

　　有一天，庄子外出，走到一座城墙东面的时候，不期然遇见一个白发皤然的老翁，名叫东郭子。东郭子扶着根拐杖，原先正坐在青苔滋蔓的墙脚下眯缝着眼睛晒太阳，闲着无事。有时，还低下头去瞧瞧地上的蚂蚁打架争食，倒也无聊得慌，因为身旁孤零零的，没个闲老汉作伴儿，否则的话，把头凑在一起，热热乎乎地聊聊周武王八百诸侯打商朝，也能破破寂寞、开开心。所谓"茅檐曝背，高话金銮"，这情景本身就够有趣的了。

　　现在，东郭子一见庄子飘然走来，赶紧起身相迎，问道：

　　"呵，您就是人们常说的庄先生吧？"

　　"不敢，不敢，在下便是。"庄子拱手相答，顿住了脚步。一边肚子里在嘀咕：这老先生没见过面，却挡住我道道，不知有什么事。

　　东郭子见庄子的眼睛里闪出几道炯炯的疑惑的光，就急忙撩了撩嘴边的长白须，说明缘故道：

　　"噢，是这么回事。你们道家常说的那个'道'，恍恍惚惚的，看又看

不见，摸又摸不着，它究竟在哪里呢？鄙人想了几年也没弄明白，往往是刚要想通的时候忽又变得糊涂起来了。'道'啊'道'，这'道'简直比阴阳八卦还要难懂。今天贵驾经过，鄙人不揣冒昧，厚着脸皮就要大大打扰而讨教一番了。"

"哪里，哪里。好说，好说。"庄子很客气地摆了摆手，随后娓娓地谈了起来。"我们常说'道'，虽然是恍恍惚惚、迷迷茫茫，其实却是无所不在，遍地皆有的。不这样，就不成其为'道'喽!"

"哎哟，原来如此! 不过我越听越玄乎，您能不能具体地给我指点指点?"

"拣近的说，就在蝼蛄和蚂蚁的身上。"庄子指了指对方的脚下。

"不可能吧。在这样低下的东西身上怎么能有'道'呢?"东郭子吃了一惊。

"不瞒您说，连瘪塌塌的小稗子里也有。"庄子淡然一笑。

"啊? 怎么在更加低微的东西里也有'道'呢?"东郭子的脸同胡须一样白了。

"说实在的，甚至在断瓦碎砖之间也有。"庄子依然不动声色。

"啊呀呀!"东郭子惊讶得几乎跳了起来，唠叨着："蝼蚁会动，稗子在田里生长，这两者姑且还有些生命之'道'罢——其实也不能算有'道'——可这瓦砖是死东西，死沉沉的，说到天皇老子那儿，它也不可能有'道'呀! 我不信。"

"恕我直言，老实说，连大粪里也有'道'哩!"庄子拱手一揖，风度翩翩地说。

就像树上聒噪的知了突然给竹竿敲了一下，东郭子即刻不作声了。他以为庄子这话在调笑作弄自己，所以有点气鼓鼓。

庄子见东郭子突然缄口不言，明白他是误生其气，就微笑地解释道：

"呵，得罪、得罪。老丈，您以为我刚才这话是开玩笑、打趣您吗?

那可是大大误解了啊！

"我说粪中有'道'，并不是说粪就是'道'，意思是说通过粪也能反映出'道'。譬如以马粪为例吧，在咱们这个列国争雄、戎马遍野的时代，无论是山谷、平原、僻乡、都邑，马粪几乎到处都有，司空见惯的。倘如有一天这马粪能均均匀匀地直接屙在农田里，而不是乱七八糟地撒在战场上，那么咱们这个世界便是清明太平之世了。为什么呢？我们道家开山祖老聃先师说得好：

"'天下有道，却走马以粪'。

"这话就是说，整个天下如果真正太平了，那么就不必骑着马儿驰骋战场去鏖杀，而是赶着马儿去肥田了。因为马不似牛，不会耕田，干脆拉粪肥田罢了。老丈，您想一想，可见这马粪，不就曲折地反映出一种社会的动乱和升平的'道'吗？

"再说那瓦砖吧。瓦砖之中难道就没有'道'吗？不是的。倘如说枯骨髑髅原先是风流潇洒的公子、螓首蛾眉的佳人，那么这断瓦碎砖其实就是昔日的朱楼绣阁、歌榭舞馆。我几乎从这断瓦碎砖之中还闻得出琼浆玉液的美味，听得见凤竽龙笛的佳音呢。可见世上的荣华富贵也无非像瓦霜草露，转瞬即逝。再说天地间哪有一家一姓永做侯王的道理呢。所以，这看似平常的断瓦碎砖，究其实，不就深刻地反映了一种高下易位、世事迁移的社会变化之'道'吗？

"虽然'道'本身不是蝼蚁、瓦砖、大粪，但'道'如同幽灵，恍恍惚惚地依附在万物身上，任什么也逃不了。老聃说：'道之为物，惟恍惟惚。恍兮惚兮，其中有象；惚兮恍兮，其中有物。'意思是说，'道'虽然是恍恍惚惚的，但究竟还是通过具体的形象和物质来显露出'道'的精神面貌的！"

庄子这一番话脱口而出，似行云流水，一泻千里，痛快淋漓，东郭子听得频频点头，如醍醐灌顶，美滋滋地眉开颜笑，连声叫好。庄子略略顿了顿，又说道：

"老丈，我想，咱们没见面之前，恐怕您一定以为'道'是高高踞上，清气飘逸，一尘不染的，对不对？这也难怪，因为'道'是在天地之前就应运而生了，能不尊贵吗？殊不知'道'虽然光辉灿烂，庄严伟大，就像高挂在天上的太阳一样，但宇宙间没有一件东西能不受到'道'的光芒的滋润，如同阳光普照万物一样，一视同仁，概莫例外。呵，这就是所谓'道'的真面目，它既神秘又不神秘。老丈，这下您可明白了吧！"

听到这里，东郭子连连拱手，不胜佩服地说：

"呵、呵。真是、真是'闻君一席谈，胜学十年道'呀！庄周先生道貌岸然，德化天下。当今世上，道德文章的魁首，舍先生我真不知其谁也！"

庄子一听哈哈大笑，不过随即又摇摇头，有点不以为然地说：

"老丈，不见得，这话您可是多多溢美了。咱们萍水相逢，真是一见如故呀。其实，我一开首也不必说得如此惊世骇俗，使人听了毛骨悚然。我可以说得冠冕堂皇一些。譬如说，'道'存在于泰山顶上、蓬莱岛中；存在于周文王的八卦演化之中、姜太公的兵书战策之内。这样您无论如何也不会奇怪了，而且会觉得'道'是那样的神圣庄严，令人要焚香膜拜了。那么，您的心里也将感到很舒坦，是吗？但我想：何苦要蒙人呢？不讲则罢，一讲就应讲得透彻一点。所谓'一针刺疱，痛而后快'！老丈，您小处明了，大处自然也就通了。

"这里有一个例子。据说市上的小官吏问屠夫是怎样收购猪的。屠夫回答：买猪之法，顶重要的是先要估量一下猪的肥瘦。仅仅用眼瞧瞧是不够的，还需要用脚去踩踩猪的腿脚的肉膘。因为猪的腿脚最难生得肥了，倘如这些部位很丰腴，那么其他地方就不必说了，一定生得圆圆滚滚、膘壮肉肥。这当然是一个简陋的比喻。'道'呢，也是这模样。既然在蝼蚁、瓦砖、大粪之间都有'道'，那么天地间还有什么东西能没有'道'呢。

真是无所不到，遍地皆是呀！原先我故意说得耸人听闻一点，使您也能悟得深一些。一番苦心，盖出于此。呀，时候也不早了，好了，好了！后会有期。老丈，我这就同您告辞了。恕罪，恕罪。"

庄子说完，一拱手，就飘然走远了。

庄子是走了，但他的话就像铜箫玉筝，清清泠泠，如今戛然一止，却是余韵无穷呵。

东郭子呆呆地站着，像是魂刚被人勾去似的，什么也几乎不知觉了。他只是恭敬地目送着庄子远去的飘逸的背影，恍惚地感到太空中都弥漫着"道"的馨香的风味。而自己呢，也轻轻扬扬地仿佛要凌空飞上天去，去拥抱那亘古永存、万世不衰的神秘的"道"哩。

二、庄子谢绝相位

　　这一日秋高气爽，太阳已爬在半空，庄子还关着门大睡其觉。原来昨晚他一直在聚精会神撰写大作，由于文思如泉，下笔不能自休，待到四更过去雄鸡初啼，他才丢下笔杆，倦然入睡。

　　如今门外突然一阵车马喧哗，随即门上被敲响几下。

　　原来，楚威王在宫廷内外多次听人交口赞誉庄子，据说此人满腹经纶，博古通今，似有经天纬地之才，诚是旷世一奇人。楚威王一听，当下仰慕得要命，心想：如能把庄子这位奇才招纳进宫给予高位，犹如挖掘到一颗大宝珠，于自己脸面也大有光彩。虽则自古豪杰之士，才高气盛，背有傲骨，不肯唯唯诺诺任凭君王驱使，但方今天下大乱，群雄纷起，逐鹿中原，正是用贤举能之际，寡人倘能仰仗庄子的不世之才，争霸天下，岂不大妙？

　　如此这般一思量，楚威王即刻派了几位大夫充当使者，领着一队壮士，抬着猪羊美酒，带着一千两黄金，赶着几辆驷马高车，隆隆重重地来请庄子去楚国当卿相。

门敲了半个时辰，才见庄子整整衣冠，迈步走了出来。

几位使者当下一起作揖，陪笑道：

"呵，您就是庄先生吧？多多打扰。久仰，久仰！"

庄子有些奇怪，问：

"各位从何而来？有何贵干？"

其中一位下巴上留着撮山羊胡子的年长的使者，朝前跨了一步，回答说：

"庄先生，在下是从楚国京城星夜赶道而来，奉威王之命，要迎请大驾前去屈就相位。吾家大王陛下久仰先生大名，如雷贯耳，渴望一睹先生丰采，以慰平生之愿呵。"

山羊胡子的使者言毕，右手一挥，两位楚国壮士随即献上一箱黄金，使者解释说：

"区区千金，不成敬意。尚祈先生笑纳。"

庄子见状，仰天哈哈大笑：

"免哉！免哉！千金，重利也；卿相，尊位也。真是多谢你家大王陛下一片美意了。然而诸位难道没有瞧见过君王祭祀天地时所充作牺牲的那匹牛吗？这牛莫非天生就是挨刀的料吗？不是的。想当初，它在田野里自由自在地吃草，在河流里尽情畅怀地嬉水，疲倦了，还可挨着柳树，躺在地上美美地打个盹。——只是由于这牛模样生得端庄一点，皮毛生得光滑一点，就被人选入宫中，白日喂以精美的食料，夜里盖上厚厚的褥子，——较之赤日炎炎下汗流浃背的耕牛，两者的差别正不啻霄壤！

"几年下来，这牛被养得肥肥胖胖，毛色蹭亮，然后选了个黄道吉日，替牛清洗梳理一番，随即披红挂绿，鼓乐前导，把它送入太庙。此时此际，这牛方知大限已到，即将挨刀，不禁四腿发软，浑身发抖，牛泪盈眶，牛气大喘。当此关头，这牛倘想改换门庭，不要说换成一条终日耕耘

老死田间的耕牛，就是硬要变成一只忍饥受寒整日在泥泞污秽的圈栏中翻滚的小猪猡，难道还可能吗？难道还来得及吗？

　　"再说到朝廷去做官吧，与这条选入宫中充作祭祀牺牲品的牛，又有什么差别呢？天下的君王，当他势单力孤，尚未夺得天下之时，往往是卑躬屈膝礼贤下士，收揽海内英雄，'为王前驱'；并且广开言路，从善如流，显得天下为公，爱民如子，总之是豁达大度，温文尔雅，宛如一谦谦君子忠厚长者。一旦荡平四海混一宇内，这些君王每每一阔脸就变，得志即猖狂，以为天下是孤家一人之天下，故为所欲为，人莫予毒，不仅视民如草芥，而且认为昔日那些运筹帷幄鏖战沙场的猛将重臣，将会功高震主，遗害无穷，非得斩尽杀绝而后快。真是'飞鸟尽，良弓藏'。你们说在这种德性的君王手下做官，能有什么好结果呢？

　　"当然，对付这类坐稳天下就要翻脸的君王，鄙人亦未尝不可'留寇自重'，剩下一两个敌国故意不去消灭，闹得他君王寝食不安，不敢放肆。然而放着大自然的清风明月、荷色菊香不去观赏，不去消受，偏偏费尽心机要与这些无聊的君王周旋，你们说，又何苦呢？"

　　几位使者见庄子对于世情有如此深刻的洞察力，讲得又如此斩钉截铁，也不好再说什么，只得怏怏地告退，打道回府了。一路上，山羊胡子回想平生在官场上的所见所闻，何尝不是如此。今日承蒙庄子一声棒喝，勘破数十年做官迷梦，就此决计回朝之后上奏君王告老回乡罢，免得也当那条披锦挂彩临末挨刀的牛。

三、庄子与魏王

庄子不爱做官，固然是好，这一则能飘然超脱于官场上整日雍容揖让、周旋应酬的繁文缛节；二则嘛，"无官一身轻"，既不担天下兴亡、国家盛衰的风险，又没有折冲樽俎、制敌千里的辛劳，平日里倒很有一些洒洒脱脱的清闲，可以登山临水、啸傲烟霞，可以访故迹赏景色，寄怀抱发感慨，或者在秋雨潇潇、妍花零落之中盘膝枯坐，冥思苦想，一旦性灵勃发，那就挥笔泼墨，作一些熠熠与日月争光、绵绵同天地齐寿的神采文章。真正是好不得意！

可是，世事往往是有利有弊的。庄子不爱做官，悠悠晃晃很清闲，挺不错，但这么一来，他没有碧瓦飞甍、画栋雕梁的朱门大屋住倒是小事，最糟糕的是没有一点俸禄来维持生计，而且又不会耙田耕种，挑菜卖瓜，务农事，做生意，赚些钱来贴补贴补，所以日常的景况自然就比较穷困一些。不过，庄子不戚戚乎贫贱，一点也不在乎。他平日最注重的是"内圣外王"的自我道德修养，而对于外表的服饰以及饮食的好坏，他似乎是随随便便，不摞在心上的。从庄子在他的开山大作《齐物论》里所阐明的道家哲学来瞧：人间的王宫侯馆，无非是茅房草屋，而破衣烂衫呢，倒可以算是衮服龙袍，至于那粗茶淡饭，在思想上干脆就把它当做熊掌驼峰、山珍海味吃。哈，这就是精神的力量呀！真可以化臭腐为神奇、点顽石成赤金的。

是的，庄子的风格就是庄子自有的风格。

有一次，庄子出门，就马马虎虎穿了件粗布衣服。这衣服呢，大抵是先前周显王二十七年做的，当时已是周赧王五年了，这中间换了两代帝王，相隔了几十个春秋，所以风吹雨打日晒水淋下来，这件衣服早已破旧不堪，上面足足有二三十个烂洞口子，东一块、西一块补得很是奇特，穿在身上，就像和尚的一件百衲衣，而一旦挂在绳上摊开来晒晒太阳，远远望去，又活像一幅画有东一块丘陵西一块山脉的孙子出门打仗时的行军图。

庄子穿了这件衣服，拦腰上还系了根会随风飘舞的布带，就神态飘然地在路上走着。可他脚上的那双鞋子似乎也不很堂皇，不知什么时候竟然已裂了两个口子，宛如开了一对大大方方的天窗。庄子深怕这口子任着性子越裂越大，没个约束，似脱缰的野马势如破竹地一穿到底，那就太不像话了。于是庄子找了根绳子，穿进这两个口子里去狠狠地打了个结，嘴里一边嚷道：

"我叫你这口子放肆不得！"

那两个鞋面上的口子，原先随着庄子的脚趾扭动，一拱一拱地乘机准备东裂西穿、开拓缝缝，如今给一根绳子系了起来，好似野马套了缰绳，也老实了好多。再说鞋上的那只绳结，大抵是庄子手巧的缘故罢，竟打得有模有样，活像一只翩翩欲飞的蝴蝶，停在那儿迎风招展哩。总之，这鞋，经过这一整顿，倒也显得别有一番生气。

庄子尽管是破衣烂鞋，外表褴褛，但精神上却一点也不自卑，不羞

愧。是的，道家学说做了骨子，他是从不自惭形秽的。不像有些落难公子，尔雅君子，一旦穿了件破衣衫，就常常胆颤心惊地觉得四周有许多滑溜溜的眼睛在嘲笑他，因而芒刺在背，怪不好受，唯恐天下不大乱。这样看来，庄子其人果然是不同凡响，他破破烂烂的，穿戴比乞丐还差劲三分，但走起路来，趾高气扬大公鸡的派头，说实在的，就是那旌旗簇拥，斧钺前导的帝王出巡，也比他强不了多少。

庄子正走着，突然前面远远的大道上扬起一阵冲天的黄尘，隐隐约约如雨打芭蕉似地还传来一些马蹄声，原来是魏国的魏王带了大队人马出外去打猎。一见破衣蓬松的庄子，魏王先是傻眼楞了一下，随后赶紧停下马车，热乎乎地招呼道：

"哈，是庄先生，久违、久违。咦，庄先生今天怎么了，为什么看上去憔悴疲劳倒像生病一样呢？"

庄子当下站定身子，看住魏王的眼睛，说：

"哈，是魏王陛下，少见、少见。承蒙您大王陛下说得好听，代为遮丑。不过，我倒喜欢直白白地捅开屋顶说亮话：鄙人这个样子叫做捉襟见肘、穷相毕露，哪里是什么憔悴而生病呢。一个人，怀抱着高超的道德，但因为曲高和寡，不能行之于世上，所谓'举世皆醉独我醒'，这是很痛苦的。天长日久，随着岁月的流逝，志向也淡泊了，头角也磨光了，外表上就未免露出一副萎萎缩缩、抖抖瑟瑟似生病一般的潦倒面貌来了。我庄周，虽然道德不高，可是无论如何究竟还不至于窝囊到这种地步——一穷困就要生毛病。鄙人衣服有破绽，鞋子穿了两个洞，是不大中看，可您大王也别弄糊涂了，这叫做穷相毕露，并不是生病憔悴呀！那么，为什么会这样呢，因为不得时运呵！

"您大王嗜好打猎，难道还没见过树林里跳跳蹦蹦的猴子吗？倘如遇见一些端正光滑的树木，那猴儿就运气了，它们攀枝跳跃，往来迅速，悠悠自在，这时候，虽然是天下射箭的好手如后羿、蓬蒙也奈何它们不得。

但如果碰到一些粗糙有刺的树木，那就糟了，猴儿们东瞧瞧、西看看小心翼翼地跳动，树刺略略一抖，它们就吓了一跳。这并不是猴子的筋骨一下子变得僵硬而不柔韧了，而是环境险恶呀，所以弄得猴子虽巧，却没法施展它们的技能了。"

这时，一阵微风吹来，庄子的腰带被吹得飘飘扬扬、婆娑起舞，似乎正像一位婀娜多姿的敦煌仕女飘飘然地要凌空飞上天去呢。

"当今天下，列国相争，兵荒马乱，"庄子一只手臂搁在背后，另一只手臂平平稳稳地在胸前展了开来，加强语气道："一个抱道之士，虽想扬眉吐气地干一番事业，但能办得到吗？办不到！"庄子展开的手臂随之向下一劈，如同有千钧之力，仿佛想把这乱糟糟的世界像劈西瓜似地劈它个七八瓣。"所以到头来还不弄得个缩头缩脑，憔悴得要死。唉唉，商朝的纣王因为昏庸无道，甚至于连忠臣比干都被剖开胸膛取了心去，我看，这时节与商朝也差不离了。"

魏王静静地听着，心想：这个庄周，说起话来长长一大套，而且夹刀夹枪地总给他刺了几下，好像我就是那商朝昏庸的纣王似的，冤不冤哪，真是的！

魏王很想说几句反对的话，但在庄子的灼灼逼视下，竟口不由心地说：

"在理、在理。庄先生，告辞、告辞。"

唿哨一声，魏王领着大队人马风驰电掣地赶去打猎了。庄子会心一笑，也飘然走远了。

那边路上，魏王很有点后悔，他觉得：刚才同庄子谈论时，双方眼神直射相接，如长枪大刀交叉在一起，自己的眼睛给他看住，脱不开来，所以竟没看清他身上到底有多少补丁，破到何种程度，否则的话，细细打量一番，倒也是很有趣的呀！

四、庄子与髑髅

庄子去楚国的时候，路过一片墓地。那里野草丛中荒坟垒垒，一眼望去，满是凄凉萧瑟的景象。庄子可一点也不在意，他独自一个人悠然自得地走着，走着，那模样，似乎不是在荒无人烟的旷野里踽踽独行，倒好像是在热闹繁华的街市上信步漫游。庄子晃着脑袋，东张西望，南顾北瞧，一步三摇，似乎正在细细地观赏四周的景致，其实是在深深地思索人生的哲理。他想道：天地间事物的道理真是十天十夜不吃不睡也想不清楚，弄不明白。譬如这坟墩为什么像馒头似的，倒是圆圆的，而不是方方的呢？莫非是人之初，小娃娃喜欢吃肉馒头，所以人之终，这坟墩头如同土馒头反过来倒吃老头儿吗？不过，天长日久，风雨剥蚀，无论这坟墩多大多高，在岁月的流逝之中总是要渐渐地平塌下去的。因此，到头来，还不是这包罗万象的大自然吞吃了人肉馅子的土馒头吗？哈哈，人吃馒头，"馒头"吃人，最后，造化一并吃掉那吞吃人体的土馒头，唔，真是有趣……

突然间，只听哐啷一声，庄子的右脚不知踢着什么了。他肚子里说：什么玩意儿，凹凹凸凸、七高八低的，而且又硬又尖，把我庄周的脚趾踢得可疼了！他低头一瞧，哎哟，老天，原来是个死人的枯髑髅，上面除了有七个不很有趣的深深的洞洞，白骨斑斑的什么也没有了。庄子赶紧朝它作了个揖，说道：

"啊呀呀，得罪、得罪，真正冒犯您了。鞋子虽新，总不能戴在头上，帽子再破，也不能冠于脚上——况且，我穿的只是双破鞋，真是十趾九露，经风受雨。所以，无论上哪儿说去，我的脚不巧碰着您的头，总是输理的……咳，您老哥可得多多包涵、包涵……"

髑髅一动不动，除了七个深深的洞洞，在朝人幽幽地望着，什么表情也没有。

庄子觉得很是遗憾，不过由此也感慨万千，浮想联翩。他肚里寻思：这么一个髑髅，它的前身是朱门高楼里王侯颐指气使的阔脸盘呢，还是凄风苦雨中乞丐嗷嗷待哺的瘦削脸？是田野老农饱经风霜的脸呢，还是腰缠万贯、挥金如土的富翁的白白胖胖的脸？嗄，眼眶这么大，所谓虎眼圆睁，大抵是一位叱咤风云、纵横战场的慷慨之士罢。可是嘴巴也不小，看模样倒也很像是一位大言炎炎、信口雌黄的游说之士。不过，谁知道呢，平民百姓中眼大口阔的多得很，而细眼将军、小嘴说客恐怕自古以来也是不会少的……但是，这人究竟是怎么死的呢？

想到这里，庄子拿了根马鞭子在髑髅的脑门上敲了敲，自言自语地问道：

"喂，喂，你是不是贪生怕死、临阵逃脱弄成这样的呢？还是昏庸亡国，吃了板斧弄成这样的呢？还是有了丑事，声名狼藉，对不起父母妻子弄成这样的呢？还是又冻又饿，活不下去弄成这样的呢？或者，干脆什么也不是，而是因为年纪一老，像瓜熟蒂落般自然然地死了呢？"

髑髅一动也不动，除了七个深深的洞洞，在朝人幽幽地望着，什么表

情也没有。

庄子眼怔怔地呆看一阵，转而又苦笑了。他知道髑髅固然冥顽不灵，但自己也傻气可掬地乱说一通，真正是对牛弹琴，枉费心思了。抬头一瞧，已是夕阳西下、薄暮四起的时刻，况且走了也大半日了，加上脚趾也踢得极疼，所以庄子就随地坐了下来，脑袋枕着坑坑洼洼的髑髅，也不怕沾染了晦气，竟高枕无忧地睡了起来。

半夜里，庄子不知不觉地做了个梦。只见这个髑髅像皮球似地突然骨碌碌地滚动起来，它眼睛一张，嘴巴一开，冲着庄子嚷道：

"你老弟噜噜苏苏地讲了一大套，真像是一个摇唇鼓舌的说客。不过，你刚才所举的种种例子，'万变不离其宗'，都是活人的一种累赘。这累赘，就仿佛是长途旅行时驮在背上的一个包袱，沉甸甸的，压得人脊背发麻，通身不舒服。那么，这包袱里究竟装的是什么呢，无非是人世间的虚荣、名利、权势罢了。人们一旦驮上这些捞什子，那在人生的道路上就别想轻松自在了。当然，倘如瞑目一死的话，则撒手不管，万物皆空，什么累赘包袱也没有了。你老弟见识不广，孤陋寡闻得很，想听听死后的光景吗？"

庄子一想，觉得这或许比三皇五帝时的轶闻逸事还要有趣，心里很高兴，连说：

"好的，好的。足下现身说法，鄙人洗耳恭听。"

髑髅眨了眨眼睛，又抿了抿嘴巴，才大咧咧地说道：

"一死之后，嗯，就撒开千般忧愁，解脱万种苦恼，整天逍遥自在，溜溜逛逛。因为既无人管你，也无人要你管。推而广之，则上无运筹帷幄、荡平天下的庞然大志，下无谋取禄位、荣妻耀子的渺然私心，不必劳心劳力、牵肠挂肚，而且极妙的是：全无四时之事，如春耕、夏锄、秋收、冬藏，悠悠然以天地为春秋，要活多久就多久。因为一死之后，不会再死，一劳永逸，快快活活。虽在人间称王称霸的好汉，常常要绞尽脑汁、乱打算盘，所以也万万及不上死人的无忧无虑，天趣盎然呀！"

听了这话，庄子摇摇头，说：

"原来如此，这也算不了什么。我看，你还是去通融通融管命的神仙，求他显显神通，上哪儿搞点皮肉肌肤，来恢复你的本来面貌。这样，你就可以回去见你的父母妻子、亲戚老乡。大家团圆在一起，初春游山、盛夏纳凉，中秋赏月，隆冬踏雪，热热闹闹地享受一下人间的天伦之乐，该多好呵？总比你孤零零一个人，虽然跳跳蹦蹦也没人管束，但寂寂寞寞地想要找个朋友聊聊天，谈谈学问也不可能的情景，不知道要好上多少倍了，你愿意不愿意呢？"

"真是个木瓜脑壳的糊涂汉。说了半天，你还没有开窍，可说是愚不可及、呜呼哀哉了。一听到做人，我就头疼。难道我这么傻，竟愿意用死后的悠悠闲闲如同做王的快活去调换人间的忙忙碌碌做人的劳累吗？"髑髅一下子大皱眉头，皱得连鼻根都缩了起来。

庄子想：这家伙自己死头死脑的，还口口声声地想要做王侯哩。可是连"死王乐为生鼠"的道理都不懂，真正是不可救药！这恐怕就是髑髅之所以只能成为髑髅的缘故吧。庄子刚想开口骂他一顿，突然觉得颈窝间有点痒痒的，不禁睁眼一看，哈，原来刚才的情景仅仅是荒坟一梦，而几个脏水沟的癞蛤蟆正蹲在他的身上蹦蹦跳跳，呱呱乱叫呢。

抬头一瞧，红彤彤的太阳已升在半空中了。庄子叫了声"惭愧"，跳起来拍拍衣服，又赶他的路去了。

五、庄子与曹商

　　战国时期的宋国，有一个人名叫曹商，作为宋王的使节去秦国。初次朝拜秦王的时候，被赏赐了几辆车子。后来，因为口舌伶俐的缘故，很得秦王的欢心，所以格外开恩，又赏了他一百辆车子。

　　曹商满脸春风回到了宋国，遇见庄子，很得意地说：

　　"唉，呆在穷僻的小巷里，又穷又窘，只能编织麻鞋以糊口，人弄得个头颈枯槁、面色焦黄，这就是我昔日的短处；然而如今一旦受到万乘国主秦王的赏识，凭着三寸不烂之舌毫不费劲地搞到了百辆车子，一路上前呼后拥，声势煊赫，真是'春风得意马蹄疾'。嗨，这就是俺曹商的长处了。"

　　庄子声色不露，只笑了笑，答道：

　　"好，那么我问问你，倘如秦王有病召集天下医生，立下一条规矩：能替他挤破毒疮脓疖者，赏车一辆。替他舐舐痔疮者，赏车五辆。做的事越卑下，赏的车也越多。你刚才虽然自我谦虚地说，不烂之舌只有三寸，

不过，依我看来，你老弟简直是'喙长三尺'了，如果想舐痔疮的话，真可说是得天独厚的了。你老弟愿意干这勾当吗？因为这样可以多得车子呀！去吧，你快点去吧！跑得慢可捞不着了。"

六、庄子与阿二

有一个人名叫阿二，去宋国拜见宋襄王，卑躬屈膝地当面说了许多奉承恭维的话。他想：反正拍马的话儿又不费钱，顶多劳累一下两片嘴唇，或者难为一些唾沫罢了。这，较之人世间干其他的活儿出力流汗，那可轻松得多了。何乐而不为呢？

"嘿嘿、嘿嘿。您大王尧状舜趋，龙行虎步，真是德高望重，威加四海呀！嗳，普天之下，莫非王土。小的似一颗旱苗，托居贵土，可要好好地叨光您大王的澍雨甘露之恩了。哎哟哟，真的，您大王腰缠万贯、富有天下，拔根毫毛赏赏，也保管比俺这个傻大个的腰还粗哩！哈，小的在这里就给大王您磕响头了。"阿二跪了下去，胁肩谄笑地颂扬道。

倘如把阿二先前已絮絮叨叨说的一大套，比喻成一块五彩缤纷、令人头昏目眩的美丽的锦缎，那么，上面这些话只能算是在这锦缎上又添绣了几朵漂亮的花儿罢了。

宋襄王刚喝了几盅酒，心里很痛快，又见这家伙说的比唱大鼓的还好

听，就不免有点头重脚轻乐乎乎了。宋襄王酒醺醺地乜斜着醉眼，扬扬得意地嚷道：

"荷，你小子虽生得鼠头獐目的，但嘴巴还不赖。唔，像个蜜罐，大王我就爱听这话，比竹笙独奏还爱听……唔，哼，赏你这小子十辆车，大王我拔根毛呀！"说完，宋襄王胖乎乎的脑袋朝后一仰，倚着案几一下子睡着了。

阿二得了这十辆车子，如同黄鼠狼抓着小鸡，喜从天降，肚里甭提多高兴了。他赶着车子，出了城门，一路上踌躇满志，嘴上还哼着桑间濮上的小调，真是"人逢喜事精神爽"呵。阿二兴冲冲地准备衣锦回故乡了。

半道上，远远地突然瞧见庄子，正丰神潇洒地迎面走过来。阿二私下里想：鄙人现在时来运转，今非昔比了。撞着庄子，正可摆摆阔气、抖抖威风。你有你的道德文章，俺有俺的高车驷马，所以俺也不必自惭形秽。今天见面，如同是两个国王相见，完全可以分庭抗礼了。

阿二当下赶紧勒住马头，停了下来，老远就阴阳怪气地叫道：

"啊呀呀，我道是谁，原来是庄老夫子，失敬，失敬。夫子名扬天下，驰誉列国，鄙人久仰大名，今日一睹足慰平生之望，深感荣幸不已。不过……，"他的目光突然滞留在庄子的鞋子上，原来那鞋面上有两个破洞洞，活像一对黑灼灼的眼睛朝人瞧着，刺得他吓了一跳，好不自在。"唔，您老这模样还是不衫不履、洒脱不拘，像从前一样。你还是安步当车、飘游天下吗？不过，关山重重，大地辽阔，你老总是这样走着走着，就不怕终有一天把脚底皮磨破吗？唉唉，可怜！今天，我见了宋王，以口舌之力，轻取这十辆车子，易如反掌。来，你老过来瞧瞧，这车子毂辘大，跑得快，可真有气派！您整天用脚底板赶路，一颠一簸的，也真费劲，不如放下架子先图快活，在我这儿赊一辆去坐坐。钱……干脆，算鄙人赏给你，不、不，算是献给你老得了，如何？"

庄子朝他瞥了一眼，说：

"嗟，这不是油嘴阿二吗？神气活现的，就得了这十辆车子？前几日，宋国的曹商去秦国，被赏了一百辆车子。假如他瞧见你这副得意劲儿也要自愧不如的。你要送我一辆车子？多谢美意！你嘴儿甜，你脸儿大，还是放着你自己慢慢地坐吧！不过，我得告诉你一件事儿，给你浇盆凉水，免得你脑袋发热昏了头。

"这事是这样的：河那边有一户人家，很穷，平日只能用芦苇织些薄帘子卖了维持生计。有一天，这户人家的小儿子去河里游水，看见一个碧湛湛的深渊，就汩到渊底下去掏摸一阵，没料到竟摸到一颗拳头大小的珍珠。小儿子高兴得立刻捧了回家。他的父亲一见之下，大吃一惊，喝道：

"'快把门背后那柄大石锤取来，敲碎它！'

"'啊呀，大人你莫非喜糊涂了！这么大的珍珠，价值千金。敲碎它成了珍珠粉儿，还值什么钱？'小儿子伸开双手，急忙拦住。

"他父亲听了勃然大怒，大声叫道：

"'你这小子莽莽撞撞的，不懂的事儿还多着呢。这种千金之珠，浅河小湖里是断断乎不会有的，一定是生在深渊之中，通常有条黑龙守着它。有时，黑龙干脆就把这颗珍珠放在下巴颏下，小心翼翼地监护着。你小子今天侥幸能摸到这颗珍珠，大半是碰见那黑龙在打瞌睡，迷迷糊糊地漏过了你。假如那家伙醒着，全神贯注的，你去冒险，好，叭哒一口，还不把你这小子囫囵吞了进去？保管连一根骨头都不剩下。你想这险不险？所以我今天一定要敲碎这珠，不稀罕！免得你下次还去冒险，早晚让黑龙吞了去。'"

说到这里，庄子意味深长地朝天呼了口气，继续讲道：

"今天，宋国几百里疆域之广，那个九重深渊是不能比拟的，至于宋襄王的一声令下绑去砍头的生杀大权，更不是那条凶猛的黑龙所能比得了的。眼前这十辆车子，是怎样弄来的呢？我想，大抵是你乘着宋王的酒兴花言巧语诓骗而来的。一旦宋王酒醒，觉得有点后悔，那么定你个欺君之罪，恐怕把你碎尸万段，扔到东海里喂王八还不罢休哩。"

油嘴阿二听完这番话，如闷雷轰顶，吓得魂儿出窍、六神无主，连手中的那根马鞭也不由自主地簌簌掉了下来。

七、庄子授课：人生哲学

孔子当年开门授徒，教以诗书礼乐，门下弟子三千，冠盖云集，其中博学的高徒竟有七十二人。庄子与孔子不同，喜欢独来独往，一如闲云野鹤，潇洒自在。然而，也有几个好事之徒，闻其大名找上门来，软磨死缠，硬要拜其为师，庄子禁不住折腾，不得已而招纳了几个。

道家讲究"多言数穷，不如守中"，"大辩若讷"，但既为人师，也不能枉担虚名，总得在腹囊内掏点招数，多少传授一点给弟子，免得他们日后痴痴呆呆跑到世上，辱没了师门。

这一日风清日丽，庄子早晨啃了两个饽饽，精神似乎很好，就把几个弟了拢在一起，开始讲授他几十年俯仰天地、纵观人生而总结出来的哲学思想。

（1）逍遥游：大鹏与小雀

相传北海有一种名叫"鲲"的鱼，庞然大物，有几千里之巨。鲲又化成为鸟，称之为"鹏"。鹏的背像泰山，翅膀又像天边云层，它裹着一阵旋风，昂首奋飞，直上九万里的高空，超绝云气，背负青天，然后掉头向南，哗啦啦直朝南海飞去。

丛林的一个小麻雀在悠悠然地低飞觅食，刹那间，随着一阵呼啸，半边的天空像罩上了一块黑幕，突然暗了下来。小麻雀鼓瞪眼珠，赶紧仰起脑袋朝天观望。好一会儿，似乎当一座泰山在头顶上移过之后，才看清鹏的背影在天空南边晃动。小麻雀摇了摇头，不以为然地说：

"唉唉，这个鹏，憨头憨脑地要飞到哪里去呢？借着一股春风，它扶摇直上九万里，飞到南海，激起浪花三千里，真是作威作福，把个清平世界、朗朗乾坤搅得一团糟。它要干吗呢？俺小麻雀，在蓬蒿丛中飞来飞去逍遥游，悠闲自得，瞧着虽不起眼，偶尔有个闪失，也不过轻轻掉在地上而已。但你这个鹏，九万里上一旦倒栽葱下来，还成个什么玩艺呢？"

这样看来，"大小虽殊，逍遥一也"。就各自追求精神上的自我满足而言，蓬蒿间的小雀绝不输于九万里的大鹏。倘能自得其乐，无论是青云直上九万里还是上下翱翔蓬蒿间，对于逍遥游这个宗旨来说，都是一模一样的。

总之，关键在于内在的精神如何求得愉悦，而不在于外在的地位如何处得显赫。试看三家村里，几个蓬户闲汉，清风一榻，便是羲皇上人，较之因重兵围困杀声四起而躲在火光烛天的宫殿里急得要上吊自刎的帝王，轻松得不知道要相差"九万里"了吗？

归根结底，逍遥游是精神世界的逍遥游。据说列子能乘风飞行，轻轻灵灵的，比常人可要自由自在得多了。然而他虽能免于"行"，但还是要凭借那个"风"。说到底，列子还是有所制约，有所束缚，未能迈入真正自由逍遥的境域。

唯独静坐冥想，才能让思绪在无边的宇宙间翱翔，与天地万物混为一体（"与物冥"），才能让思想的"飞龙"去追随大自然神奇的变化（"循

大变")。这种冥冥中的心驰神往难道还要凭借吗？难道还不比你列子御风而行和大鹏鼓翼遨游来得潇洒，来得逍遥，来得自由吗？这叫做"夫唯与物冥而循大变者，为能无待而常通"。

(2) 齐物论：美人与真理

粗粗看来，天下万物有大小、高低、是非、美丑、生死之别。细细想来，却未必尽然。

一个婴儿从母腹中呱呱坠地，来到世上，这固然可叫做"生"，但光阴似箭，由婴儿迭经少年、青年、中年几个阶段，一会儿就是垂垂老矣的白发老翁了。老翁双腿一伸，口气一闭，这就叫做"死"。这中间百年光景不过是弹指一瞬间。由此可见，当肉鼓鼓的婴儿一天天成长起来，在枕上地上爬着爬着开始蹒跚学步时，他实际上已走上了通向死亡的道路。所以这表面上的"生"，实质上也就是隐藏着的"死"，故可称之为"方生方死"。

人死了之后就一无所有、万劫不复了吗？也不是的。一死之后，肉体腐烂，分解为各种物质，纷纷扬扬地散落在生生不息的宇宙之间，为形成新的生命而创造了物质条件。所以，这表面上的"死"，也就埋伏着暗底里的"生"，故可称之为"方死方生"。

这样说来，人的生死在某种程度上是相"齐"的。

毛嫱、西施，是古代的绝色美人。据说这两位天姿国色如出水芙蓉，袅袅婷婷，仪态万方，加之明眸善睐、秋波四溢，使得普天下芸芸众生，偶然一睹芳容，不免"色授魂与"，颤颤巍巍半天透不过气来，先忘了儒家《六经》及"子曰诗云"，后摸不着归去路口七尺家门。但是，这种评判美人的标准仅仅是咱们"横目之民"的观念，倘如毛嫱、西施搔首弄姿地迎面走来，喔唷，一个庞然大物，小鱼看见了转身就潜入水中，小鸟见着了振翅就飞入丛林，至于给小鹿瞧见了恐怕还要撒腿就逃哩！可见，美这个观念，本身是相对的。

对面泥塘旁懒洋洋蹲着个癞蛤蟆，浑身上下一古脑儿布满着大大小小的脓包，一见之下就让人恶心不已，横看竖看，也瞧不出半点"美"来。然而且慢，殊不知在公蛤蟆的泡泡眼里，天下最美最美的莫过于如此这般的雌癞蛤蟆了。

这样说来，事物的美丑在某种程度上是相"齐"的。

孔子曰："朝闻道，夕死可矣。"这个"道"就是真理。呵，真理，是何等的崇高，如同太阳挂在空中，俨然不可侵犯。人们往往为之杀身成仁，视死如归。然而稍安毋躁罢，世上果然有真理吗？果然有是是非非的真理吗？

譬如我与你两个人进行辩论，你辩赢了，我辩输了，你果真是对吗？我果真是错吗？我辩赢了，你辩输了，我果真对吗？你果真错吗？究竟是我们两人有一人对、有一人错呢？还是咱们两个干脆都对，或者干脆都错呢？我和你都懵然无知。凡人皆有喜怒哀乐，难以排除偏见、超然无私，那么我们请谁来评判你我的是非呢？假如请观点与你相同的人来评判，他既然已与你相同了，又怎么能作出不偏不倚的评判呢？倘如请观点与我相同的人来评判，他既然已与我相同了，又怎么能作出不偏不倚的评判呢？那么，干脆请观点与你我都不同的人来评判，但他既然已与你我都相异了，怎么又能超然作出评判呢？假使请观点与你我都相同的人评判，他既然已与你我都相同了，怎么又能超然作出评判呢？显而易见，咱们两人连其他所有人都不能评判谁是谁非，那么还有谁能作出评判呢？

这样说来，事物的是非在某种程度上是相"齐"的。

——庄子这一大段绕口令式的奇谈怪论，听得众弟子们目瞪口呆，如醉如痴，脑细胞来不及随之千曲百弯地调整，只得崇拜得五体投地而三日不能起身。

(3) 养生主：庖丁解牛

前两讲是"逍遥游"与"齐物论"，大家听得不免有点疲劳。今天我就讲一下"养生主"，以济诸位精神之穷。

咱们活在这个世界上，每个人的生命都是有限度的，而人世间的知识，上至天文，下至地理，包罗万象，是没有限度的——"逍遥游"与"齐物论"只是其中的"沧海一粟"。以稍纵即逝的生命去追求无穷无尽的知识，这岂不如"夸父追日"，要劳累而死吗？因此无奈乎就要"养生"。说到养生，最好的方法自然是气功导引，即"吹呴呼吸，吐故纳新"，可以神清气爽，延年益寿。咱们老聃先师讲得妙：

"营魄抱一，能无离乎？专气致柔，能婴儿乎？涤除玄览，能无疵乎？"

意即灵魂儿常附在身上，能睹见美色美景而不跑开吗？气儿细细地吸，绵绵地吐，能像婴儿一样吗？清除心中种种杂念，能一点儿也不留吗？

这样照着法儿天天炼，管保诸位"寿比南山"，像八百岁的彭祖老翁儿。

这里我给大家讲个"庖丁解牛"的故事，诸位可以从中细细琢磨一下养生的道理。

据说魏国梁惠王有个专门掌管宰牛的厨夫，人称其为"庖丁"。庖丁大抵懂一点导引气功之道，宰牛有绝活。庖丁通常不用绳索捆绑，只是让牛悠悠然在场地上随意吃草，然后意守丹田，宁神运气，接着操起一刀向牛飞起，刀光在牛前牛后牛上牛下牛左牛右飞快闪烁，如同浪里的白蛟，神出鬼没，寒气逼人；又见他手在这里一抓，肩在那里一顶，脚随之一踩，膝随之一抵，身手步法，形同闪电。但听骄啦一声——仿佛东墙塌了半壁——大片的牛肉随着刀尖纷纷向四面八方滑落下去，刹那间，场地上只剩下一个光秃秃的牛骨架完整地矗立在那里，而牛眼睛还在转，牛尾巴还在扬呢。

更加奇妙的是，庖丁宰牛时左右闪动的步法，忙而不乱，腾挪有序，如同商代王宫里取名为"桑林"的莲花舞步；而刀刃在牛肉与牛骨间伸展运行时所发出的"嗞嗞"声，抑扬顿挫，婉转动听，完全符合帝尧宫廷内名叫"咸池"乐章的韵律。

当时，梁惠王在一旁目睹了庖丁解牛的全过程，不禁脱口称赞道：

"啊，妙极了！你宰牛的技术怎么竟会达到如此出神入化的地步呢？"

庖丁放下屠刀，双手抱拳对梁惠王作了个揖，回答道：

"宰牛仅仅是一门粗糙的技术，而小臣往往喜欢研究能够贯穿万事万物的大道，然后再以这种大道来指导宰牛的技术，就能够得心应手，挥洒自如。

"刚开始宰一头牛时，小臣看上去无非是浑沦一团，宛如一堵铜墙铁壁横在眼前，令人不知从何处下手。经过长期的琢磨与实践，三年之后，当拉过一头牛预备宰杀时，小臣一眼望去，何处有骨，何处有筋，以及五脏六腑灿烂分明，真可说是'目无全牛'呵！

"二十多年过去了，至今小臣宰起牛来，闭着眼睛操起一把刀，只是凭着一种感觉，在牛身上前后左右持刃运行，势如破竹，如同一把铁犁在松软的泥土中所向披靡。小臣的刀刃是按照牛身上的自然纹理，进入筋肉的间隙，进入骨节的空隙，完完全全是顺着牛的自然结构去运行。这样刀刃连经络相连的地方都不会遇到，何况会撞在大骨头上呢？

"好的厨子，据说是一年更换一把刀，因为他们是用刀去割筋肉的，刀刃磨损得慢。而普通的厨子呢，据说一个月就要换一把刀，因为他们是用刀去砍骨头，刀刃损坏得快。现在小臣这把刀已经用了十九年了，用它宰杀的牛也已达几千头了，可是它的刀刃似乎刚从磨刀石上磨出一样，银光闪闪，锋利异常。小臣的看法是：牛骨节虽然紧密，总是有间隙的，而刀刃呢，几乎没有厚度。以没有厚度的刀刃切入略有间隙的骨节，当然是游刃恢恢而宽大有余了。因此小臣这把刀用了十九年还是像新磨的一样。尽管如此，每当遇到筋骨盘结的地方，小臣也知道不容易对付，于是全神贯注，手脚略慢，找到间隙，刀刃微微一动，整条牛就哗啦一声解体了，大块牛肉如土散落，牛本身还来不及感受到死了呢。这时候，小臣才感到如释重负，提刀站立，顾盼自如，觉得大功告成，心满意足，随后把这口刀擦拭干净收藏好，以备后用。"

梁惠王听了庖丁这一番"宰牛经"，不禁深受启发，赞扬说：

"好啊！听了庖丁这一席谈论，从中亦可悟到不少养生的道理了。"

(4) 人间世："支离疏"混世

先讲一个故事。相传上古时代南方有一只千年老蜗牛，硕大无比。蜗牛的左角上有一个国家，名叫"触氏"；蜗牛的右角上也有一个国家，名叫"蛮氏"。两国的土地极其肥沃，捏摸一把就可以冒出油来。按理，这两国大可"鸡犬之声相闻，老死不相往来"，彼此春耕秋收，安居乐业，各自享受一下太平盛世的日子。然而"蛮氏"国的头领似乎天生是个蛮酋，放着脚下肥沃的田地不耕种，老是鼓瞪着眼珠瞅着对方的那一块土地，恨不得一口吞下。这一日，蛮酋纠集了"蛮氏"国内二万八千条蛮汉，乘着月黑风高之夜，直向对方杀来。

殊不知"触氏"国的头领亦非等闲之辈，触酋平日里喜欢向四周触触摸摸，占点便宜，不甘寂寞闲得慌，正想蠢蠢欲动，哪一日去吞并"蛮氏"的国土好一统天下。如今一听蛮酋竟敢冒天下大不韪，无端兴师动众，真是天赐良机。当下触酋一声令下，即刻召集了三万条平时擅长触触撞撞的"触"汉，作了七八句战前动员，随后群情激愤地迎面向蛮氏国扑来。

朝阳初升的时刻，触蛮两国兵马在蜗牛头上的这一片开阔地上迎头相遇。"仇人相见，分外眼红"，因此无须蛮触两酋下令，五万八千条汉子就彼此恶狠狠蜂拥而上，大肆砍杀起来。

这一场恶战持续三天三夜，直杀得血肉横飞、鬼哭狼嚎，直杀得飞沙走石、日月无光。三天之后，触蛮两国全军覆没，蛮酋被拦腰斩成二段，弄成一个"八"字。而触酋呢，光剩下脖子腔里在汩汩冒血，脑袋不知飞到哪里去了。总之，一眼望去，伏尸数万，阴风惨惨。多少年后，有一位骚人墨客途经此方，但见尸骨遍野，不禁触目伤心哀吟道：

"鸟无声兮山寂寂，夜正长兮风淅淅。魂魄结兮天沉沉，鬼神聚兮云幕幕。日光寒兮草短，月色苦兮霜白。伤心惨目，有如是耶？"

然而造物者似乎在天上掀髯而笑，笑这些横目之民芸芸众生鼠目寸光、冥顽不灵，往往为了些蝇头小利、蜗角小地，竟然抛却身家性命不顾，莽莽撞撞地厮杀得埋骨战场，有家难归。

当今天下呢，列国仍在你争我夺斯杀连年，闹得荆棘遍地民不聊生。看来，当年蛮酋触酋的覆车之鬼至死不悟，在各国穷兵黩武的君王诸侯身上又借尸还魂了，因此驱着众多无辜的庶民百姓一味兵戎相见，冤死沙场。

这些蜷居深宫的君王诸侯，平日里钟鸣鼎食，歌舞娱目，声色犬马纵情享受，直养得脑满肠肥大腹便便。既然想打仗，那你尽可以脱下王服赤膊上阵，作一番身先士卒的肉搏大战。何苦一定要征召天下安居乐业的千千万万无辜百姓，冒死在战场上作无谓的相拼呢？

唉唉，方今天下，世情险恶。"祸重乎地，莫知所避"呀！你呆在家里安分守己作个小民百姓么，说不定哪一日被抓去当兵，送到战场权充冤死鬼；你跑到朝廷炫耀才华求个一官半职么，保不定哪一日君王发怒找个替罪羊，被人推出宫门将作刀下鬼。

那么，普天之下大家都一古脑儿地躲入深山当隐士去罢，且不说神州大地还没有这么许多幽谷峻岭，可供人结庐而居，逍遥一番，就是山中蛇魊横行、虎狼嚎叫的情景，闹得人亦不易清静下来。

那么，就如孔子所说"道不行，乘桴浮于海"罢，东海洋上的风急水深、白浪滔天这里且按下不表，就是你在险风恶浪中有幸到异邦他乡，又会有什么造化呢？人生地疏，语言不通，风物皆异，宛如一个孤魂在陌生的旷野里游荡，能有什么趣呢？况且异国人士一听你是从东方"窝里斗"国中流亡出来，除了横侧里送上几个白眼，还会奉赠一席酒宴吗？

唉唉，苍茫天下，红尘滚滚，孽障重重，竟无一块清清静静的立身之地藏身之所呀！

我庄周夫子冷眼旁观天下有年，但觉当今之世战乱方兴未艾，"城门失火，殃及池鱼"，大劫正来，哀鸿遍野。弄得不好，就会玉石俱焚，人为鱼鳖。你们这些弟子如欲在乱世茫茫中苟全性命，且让我夫子传一些防身手段、混世本领。

以下再讲一个故事，奥妙全在其中，你们可细细体味一下。

南方楚国有一个人名叫"支离疏"。"支离疏"的形体是造物者的一个杰作，令人叹为观止：脖子长长的像根丝瓜，顶端结了一个如同葫芦似的脑袋，低低地垂下来，鼻子可以嵌入肚脐眼；两肩高耸，超过头顶；颈后的发髻蓬蓬松松，似一窝朝天雀巢；加上天生驼背，两排肋骨几乎同两条大腿并列。总之，"支离疏"生得奇形怪状，活活像一个大风吹后东倒西歪散了架的黄瓜棚，真是名符其实的支支离离、疏疏落落。

"支离疏"歪歪扭扭的，天下的大姑娘恐怕没有一个会看得上他。然而"支离疏"暗暗独自庆幸，他感谢上苍赋予他这一身支离不全的形体，自认为是七世修来的好福气。"支离疏"平日里给人家缝衣洗服，簸米筛糠，足以糊口度日。他乐天知命，日子倒也过得舒心顺意。当君王准备打仗，在国内强行征兵之时，青壮汉子如惊弓之鸟，四散逃入山中。而"支离疏"呢，偏偏耸肩晃脑地跑去瞅热闹。管事的正愁兵员未能满额，就一把抓住"支离疏"想滥竽充数，但仔细打量他天生的这副尊容之后，真是

"驴子上不得阵"，气得一脚踢开了他。

当楚国君王大兴土木，准备建造王宫而摊派差役之时，庶民百姓被骚扰得叫苦不迭，而"支离疏"呢，却以形体残缺不全，免去了许多沉重的劳役。然而每逢寒冬官府开粮仓救济贫病者之时，"支离疏"却欣欣然地跑去，十拿九稳可循例领到三钟小米和十捆粗柴，以致半月十日可躺在坑上睡大觉而不愁没米下锅。

弟子们，你们可想一想，在形体上支支离离、疏疏落落的人，尚且可以明哲保身，以享天年，那么，把这种支支离离、疏疏落落从而遗形忘智、大智若愚的精髓运用到立身处世的方法中去，难道还不可以逢凶化吉，远害自保吗？

(5) 德充符：兀者与孔子

这里先提一个问题：人生在世，究竟是应该首先注重内在的精神修养呢？还是应该首先注重外在的形体修饰？换言之，从终极意义上说，是内在的精神修养重要呢？抑或外在的形体修饰重要？

当然，倘如是天纵之圣，秀外慧中，既有清秀奇伟的外貌，又有颖慧明哲的内囊，那自然是再好不过了。然而世上的事往往是鱼与熊掌不可兼得，当不得已只能两者择其一之时，他们究竟应如何选择呢？

不言而喻，一个人的形体皮囊不足百年，即会衰亡腐烂，但是一个人的精神业绩却会传之千秋万代。孰轻孰重，岂不显然？

人生在世，一日之中，除了三餐一眠之外，剩下多少时间，能有几多精神？如果朝画眉、晚涂唇，中间还要搔首弄姿、顾影自怜一番。那么，"重于外者拙于内"，天长日久，这人就会外表锦绣腹草莽了。

俗话说："妍皮不裹痴骨。"须知这话听似有理，但实际上却大半靠不住。试看列国京都的大街上，那些悠然徜徉的公子王孙、纨绔子弟，哪一个不是养尊处优，衣冠楚楚？哪一个不是明眸皓齿，面如美玉？他们一个个如过江之鲫，招摇过市，飞鹰走马，挑逗民女，无所不为，踌躇满志。倘如有人突然拍拍他们的后脑勺，稍稍问一问诗书礼乐、天文地理以及兵谷刑法、国计民生之事，这些富家子弟大半会上翻白眼下吐舌，期期艾艾答不出。

这样看来，世情往往与"妍皮不裹痴骨"相反，也许倒是"慧骨不裹妍皮"。试看那些栖身于幽谷峻岭茅草庐中的山野之士，外表大都不衫不履、土木形骸，或生得清奇古怪，或生得奇丑怪陋，乃至歪脖子、凸额角、驼峰背、罗圈腿，然而一个个夜看天象，昼察民情，胸藏天地之机，目观八方风云，万里乾坤大千世界直可一古脑儿全盘收入他身上的一个青皮葫芦中去。

如此说来，这些模样丑陋、内腹锦绣的怪杰，难道不正是"石中有美玉之藏"吗？

呜呼！普天下那些相貌奇丑怪陋、形体残缺不全的人士，万万不可自轻自贱，妄自菲薄，应该努力进德修业、砥砺学问，须知一个人内在的精神的光辉将远远超越皮囊的妍丑，而能久久放出无远弗届的动人的异彩。

卫国不是有一个名叫"哀骀它"的人吗，其貌丑陋不堪，跛脚驼背，外加脖子上生了个大瘤，倒垂下来晃荡不已，使得他脖子连着脑袋总是一扭一动的。模样真是瘆人。然而说也奇怪，男人与他相处一久，就舍不得离开他；女人与他接触几日，就想嫁给他。"哀骀它"既无权势可以替别人消灾解难，亦无钱财可以养饱别人的肚子，况且面目之丑恶可使人吃惊厥倒，偏偏女人男人皆钟情亲附于他，可见"哀骀它"精神魅力之大，确乎"前无古人，后无来者"了。

鲁国的君主鲁哀公听说"哀骀它"其人其事之后，绝不相信，于是就把"哀骀它"请到鲁国来。相处不到一月，鲁哀公就感到"哀骀它"智慧超群，有惊人的天赋；两个月后，鲁哀公一见"哀骀它"就自惭形秽；三个月后，鲁哀公见到"哀骀它"就只有崇拜得五体投地之感了，连得"哀驳它"脖子上一扭一晃的大瘤也显得风度潇洒，特别顺眼，相反见到常人的脖子反倒觉得仿佛缺胳膊少腿似的，相当别扭。

鲁哀公极为激动，就请"哀骀它"当宰相，他漫漫然未加推辞，淡淡然无意承应。鲁哀公更加为之倾倒不已，硬把国家大事全部托付给他。"哀骀它"人情难却，只得勉为其难。自此以后，"哀骀它"便坐在相府里面俨乎其然地总理百揆，但见他眼睛看着各种官府文牍，耳朵谛听各类民间纠纷，嘴巴应付列国使者络绎不绝的拜访，手里还不停地起草告国人书。真是五官与四肢齐动，脑袋与心灵并用。在"目送飞鸿、手挥五弦"之间，把鲁国上下十几年累积下来的政经大事、陈年要案处理得妥妥帖帖，皆大欢喜。

正当鲁国人全体目瞪口呆，崇仰得发懵之时，"哀骀它"挂掉相印，就不声不响地走了。从此以后，鲁哀公三魂六魄似乎丢了二魂五魄，觉得茶饭不香，后宫粉黛黯然失色，怅怅然患起相思病来了。

"哀骀它"的例子充分说明，在一种伟大的或者睿智的精神的感召之下，普天下之人，无论男女老少、富贵卑贱，犹如冰山遇到阳光，潺潺溶化，皆可为之俯首投地，皆可为之心悦诚服。精神，凭着内在的无形的睿智的精神力量，一介布衣可与至尊极贵的帝王相抗衡，可与名震天下的圣人相颉颃，上下五百年，纵横十万里，独与天地神灵往来而不沾半点人间烟火气，岂不妙哉。

以下再讲一个"兀者与孔子"的故事。

鲁国有一个人名叫叔山无趾，他曾经触犯刑律，被"捉将官里去"，砍掉一足，弄得个独腿难行，只得拄了根烧火棍子，聊以代步。平日里，他一瘸一拐的，步履艰难，甚感不便。因此，他常常呆在家中，从不到外间去遛遛玩玩。

叔山无趾整天闷闷居家，心情极不痛快。虽然时间很充足，但十分遗憾的是：他叔山某人以前从未领兵打过仗，对于戎马生涯一窍不通，没有半点战争经验。否则的话，像后世齐国的兵法家孙膑，腿脚不幸也遭了刑罚，留下个残疾，但躲在家中沉湎往事，著书作文，总结经验，还能把昔日胸中雄兵百万、十面埋伏以及行军布阵、山川地理的大学问，编成一部大兵法，流传千古；使得一腔怨气，在假想虚拟的刀光剑影中发散发散。

叔山无趾既不能登泰山，观日出，游目骋怀，以求外在的快乐，于是觉得干脆把红尘看看破，静自反省，以求内心的恬静，在自我道德修养方面开辟一个尽善尽美的境界，这样，在精神上自我也可支撑一下。不然的话，看看别人都是好腿好脚的行走方便，自己一拐一瘸的拖泥带水，真正惭惶煞人，实在有点活不下去。

既作如是想，叔山无趾就决定到讲究"吾日三省吾身"的孔子府上去拜访一下，向他讨教讨教道德修养的功夫。去了几次，都没有见着面。原来孔子一听说有个瘸子来求见，心里就不大乐意，因为他有一条不成文的宗旨，叫做"无友不如己者"。况且，一拐一扭的，在观瞻上，于自己府上也难添光彩。可是这叔山无趾不知竟打哪儿生出股倔劲，一次一次接连不断地来求见，大有一副见不着面就把你家门槛都踏烂的气派。

孔子搔着头皮，思量再三决定见他一次，三下五除二地把他打发走算了，免得他天天来纠缠不清，仿佛前世欠了他三百吊大钱一般。

当下孔子迎了出去，两人在门外的石阶上见了面，孔子乜斜着眼睛，说：

"呃，嘿，足下从前玩世不恭，结果触犯法网，被砍去一足，如今你还想来求学，难道还来得及吗？"

叔山无趾原先低着头，弓背屈腰，对孔子诚恐诚惶地抱有极大的恭敬，一听这话，他顿时全身放松了一下，仰仰脸，露出副轻蔑的样子，答道：

"先生这话倒也不错。不过，正因为我从前持身不谨，乱来一气，结果被官府抓去砍掉一足，以示警戒。然而由于羊圈里逃走了一只羊，是否就干脆让它们全逃光呢？要知道亡羊补牢犹未迟呀！——而我呢，虽失一腿，却还有一腿呢。

"今天，我上先生这儿来求学，是因为我还有一腿，并且再也不想失去了。而您先生呢，双腿亭亭玉立，一条也没有失去，想来道德一定高超极了。我如今既然在形体方面有所残缺，而在道德方面我却想追求一个圆圆美美，毫无缺陷。

"那个碧湛湛的蓝天，大公无私，无论是人类、飞鸟、走兽，乃至一只苍蝇、一条毛毛虫，都在它的覆盖之下；而那个莽苍苍的大地呢，更是胸襟博大，不管是高山、平原、丘陵、江河，甚至连一个臭水坑、一条污泥沟，它都一律容纳。我原先听闲人说您先生如何如何的伟大，正以为您是像天地那样浩茫无际，包容万物，谁知道您先生原来是目光如豆、浅陋可笑，充其量也只能算是半尺天地，以至于连我这个独腿伶仃的，都难以容下。唉唉！看来，真是人言难信呵！"

孔子一听，惭愧极了。一向以道德二字标榜天下的自己，竟然也像世俗浅陋之辈一样以貌取人，真是难得糊涂。老实说，真比脸上少了个鼻子还令人难堪。

当下，孔子似乎矮了三分，脸上陪着笑说：

"是的、是的。鄙人孔丘实在太卑陋了，出言不逊，多多冒犯您了。三人行，必有吾师。呵，先生，快请进吧，给我们大家谈谈您的高见吧！"

叔山无趾也毫不谦让，大模大样地进了孔府，在杏坛上清了清嗓子，审视了一下坛下的孔子以及他的七十二位高足，不慌不忙地发表了一番言论，如：世上之人大都敷敷衍衍、马马虎虎地活着，活得并且不耐烦。然而一旦失去了某些东西，才分外觉得珍贵。不过，此亦一是非，彼亦一是非。有腿固然不错，能快步如飞，凡事捷足先登；但缺腿也无伤大雅，可以以杖代步，而且还有一个意想不到的好处，即肉体固然萎缩了，但精神由此却分外清醒、壮健，可以无牵无挂，一味去追求高妙的道德境界云云。

洋洋洒洒，总之讲得很是玄妙，是孔子先前闻所未闻的。讲完之后，孔子率领弟子恭恭敬敬送走了莫测高深的叔山无趾。

(6) 大宗师："虫臂鼠肝"

人生在世，虽是七尺之躯、渺然一身，但却欲望无穷、心比天高。人，作为一个具有血肉之躯并又充满七情六欲的人，他既想胸有学富五车的才识，具备纵横捭阖的辩才，然后气宇轩昂地进入朝廷，口吐莲花、巧舌如簧，从君王那里谋得相位高官，随即高车驷马衣锦归乡，光宗耀祖煊赫一世；或者又想囤积奇货、经商谋利，不消数年，即可腰缠万贯、富甲天下；甚至还想追求"立德、立功、立言"三不朽的煌煌大业，使一己名声昭如日月，并将千秋万代地流传下去。

诸如此类的人生欲望如夏日之蚊，嗡嗡营营联翩而来，一日之中除却吃饭睡眠，无有一刻能够稍稍停息。

然而当山洪暴发，黄河决口，大水夹着浪涛蜂拥而来，淹得大地一片汪洋，而你抱着一枝略略露出水面的树梢向四处张望呼救的时候；当寒冬腊月大雪弥漫，你在白茫茫的森林中摸索了三天三夜仍找不到一条归路，并且又饿得头昏腿软的时候；当你心旷神怡在山峰上观赏风景，却不小心一脚踏空，从上面滑落下去，恰好拦腰挂在悬崖峭壁的一棵千年老树上，而面临足下万丈深渊的时候——换言之，当你处在人世间千奇百怪的种种险境之中面对生死存亡千钧一发的时候，此时此际，尘世间的声色繁华功名利禄皆可一脚踢开，置之度外，唯独生死一念，不能淡然置之，求生之欲高于一切。

如此看来，真是悠悠万事，死生为大呵！但是人生在世总有一死，如何了却生死，如何看破生死大关，实在是人生的一件大事。对于这件大事，我思考参悟了几十年，终于得出一些结论。

下面先讲一个故事：

古时候，有四位奇人，大抵都是些与世无争的隐者，名叫子祀、子舆、子犁、子来。一日，他们四个人凑在一起纵论古今、谈道说玄。子祀说：

"当今世上，谁能以空无为脑袋，以生命为脊背，以死亡为臀股，谁能通晓生死存亡原来是一体的道理的人，那么，咱们就跟他交朋友。"

说完之后，四人相互瞧瞧，哈哈大笑。四个灵魂仿佛水乳交融，一点隔阂也没有。

可过了没多久，子舆突然生了病。子祀闻讯就赶紧跑去探望。一见子舆，子祀几乎吓了一跳。原来数日不见，子舆一下子衰老了不少，他的背弯成一个驼峰，他的脸垂在肚脐底下，肩膀高过头顶，颈后发髻朝天。总之，子舆似乎变成了一个猥琐卑陋的丑八怪。

看见子祀这位不速之客，子舆就笑着说："啊，老朋友，你看造物者真是伟大啊，没有几天就把我变成这个模样。"

说完，他摇摇晃晃但却神情安详地走到门外的井边，带着一种观赏的心情照了照自己的形体尊容，放声说：

"哈哈，造物者的手艺真不赖呀！一下子竟把鄙人弄成这副德性，真伟大啊！"

子祀的手在他的驼背上抚摸了两下，问道：

"老兄如今是否嫌恶自己这副尊容？"

子舆摇了摇头，大不以为然地说：

"真是从何谈起，老弟，我为什么要嫌恶自己这副尊容呢？不是讲'道法自然'吗？我的模样虽然奇形怪状一点，但却是造化把他变成这样的，我何必戚戚于心呢？退一万步说，造物者假使把我的左臂变成一个鸡，我就用它来啼唱报晓；假使把我的右臂变成一些铁弹，我就用它去打个斑鸠烤了吃；假使把我的尻骨变成车轱辘，把我的精神变成大灰马，我就驾着它们四处逛逛，还需要什么其他的车马呢？

"再说人的得生，乃是恰逢其时；人的死去，乃是顺应变化。能够安心适时而顺应变化的人，喜怒哀乐的情绪就不会侵入到心中，这就是古来所说的解除束缚。那些不能自求解脱的人，是因为被外物束缚住的。总之，人力难以抗衡造物的变化，我为什么要嫌恶自己这副尊容呢？"

不久，子来也生病了，而且奄奄一息快要死了，他的妻子儿女围在床边一齐啼哭。子犁正巧赶来，对着这些泪光莹莹的啼哭者申斥道：

"嘘，滚开，不要惊动正要顺应变化的人。"

然后，子犁倚着门对子来说：

"伟哉伟哉，造化者！又要把你变成什么东西呢？又要把你送往哪里呢？你死之后，肉体腐烂，物质四散，将变成鼠肝呢，抑或变成虫臂呢？"

子来坦坦然答道：

"儿子听命于父母，人受制于自然。大自然赋予我形体，让我活着使我勤劳，让我衰老使我清闲，让我死亡使我安息。因此，如果说它赋予我生是一种恩惠，那么它赐予我死亦是一种恩德。譬如现在有一个铁匠正在铸造金属器物，那块金属猛然从炉内跳了起来，说：'一定要把我造成镆铘宝剑。'此块金属奇则奇矣，但大吃一惊的铁匠一定会认为这块金属有点邪门。就像咱们在宇宙生生不息的洪流中，偶然成了一个人，就拼命喊着：'我是人，我是人。'那么造物者亦必定会认为这是邪门的人。现在咱们就把天地看成大熔炉，把造化当成大铁匠，然后生生死死，随物赋形，何往而不可呢？"

子来说完，就酣然睡去，一会儿，又恬然醒来。

这四位高人对于生死的态度，真是旷达得很，他们的看法说出了我的部分观点，但却未尽我的底蕴。

我夫子的整套生死观，是我夫子哲学的最高核心，是不传之秘，这里姑且抖开一下我夫子思想的八宝箱，让你们也饱饱眼福。

譬如说，我夫子这样一个"独与天地精神往来"的不世之才，一死之后，岂不可惜！虽然，物质是不灭的，即"万物皆出于几，皆入于几"，但重要的是我夫子死后是否依然故我，即我夫子死后所遗留下来的各种物质，是否在宇宙间生生不息的变化中不偏不倚地依然聚合在一起，重新塑造一个原先的庄子。这，大抵是不可能的。然则我夫子一死之后，虽然不会无声无息、荡然无存，但我遗留下来的各种物质，在大自然的氤氲变化中，必然会掺入到其他万物的形成和诞生中去，或成虫臂，或成鼠肝。这样看来，物质固然不灭，但原先的那个"庄子"毕竟死了，毕竟四分五裂，永不再生了。

然而且慢，——这仅仅是我年青时代不成熟的生死哲学。之后，经过五十年上天入地般的玄思冥想，我为自己找到了一条不朽永恒的生路。

我夫子不是讲过"知天地之为稊米也，知毫末之为丘山也"吗？不是讲过"天下莫大于秋毫之末，而大山为小"吗？我认为：宇宙之间，大至天地，小至秋毫，可以分成无穷个层次。天地虽大，与浩邈的宇宙相比，不啻沧海一粟。秋毫虽小，但它的内囊，却不啻是一个万物具备的小乾坤、小世界。换言之，一颗沙粒就是一个五光十色的大千世界，而一个宇宙亦仅仅是一个黄白相混的小鸡蛋。依此而言，我夫子六尺之躯亦可看成一个大宇宙。一死之后，肉体腐烂，物质四散，如同大宇宙分崩瓦解，分散成无数个小宇宙，每一个小宇宙的核心都隐藏着我夫子的真我，随后轻轻灵灵、飞飞扬扬地散落在宇宙间，随物赋形，或成虫臂，或成鼠肝，或成帝王，或成庶民。这样，久而久之，我夫子上天入地，无处不在，人类走兽、花草鱼虫、山川河流、风霜雨雪，自然界的一切都打上了我庄子的物质烙印。一言以蔽之，天地万物是我庄子，我庄子也就是天地万物，这不就是真正的"天地与我并生，而万物与我合一"吗？那么，你们干吗还看不破生死呢？

(7) 应帝王：“凿破混沌七日死”

如何治理天下，将是一个永恒的难题。

当今天下列国相争，大小诸侯各霸一方，整个世界沸沸扬扬，乱透了。那些统治者们，整日饱餍酒色，头脑愚腐不堪，把个天下弄得越来越糟。咱们道家虽然超然物外，不愿做官，但对于如何治理天下，亦想贡献一点意见。

一言以蔽之，“无为而治”就是咱们道家“应帝王”的良策。

天下的老百姓原先大抵都是很淳厚质朴的，作为统治者让他们安居乐业，食能果腹，衣能蔽体，不要过多地加以干涉，无为而治，诚以待人，天下不就太平了吗？这也就是老聃先师所讲的“其政闷闷，其民淳淳”。

然而“天下本无事，庸人自扰之”。统治者一旦大权在握，总是不甘寂寞，以为权大智慧亦大，官高本领亦高，于是自作聪明，设想出种种繁琐苛刻的法律条令来骚扰愚弄老百姓。老百姓原先固然纯朴，稀里糊涂给统治者一胡弄，只是有点发懵，但是几次受骗上当之后，他们不禁也大彻大悟了。这时节，如果统治者再想搞点权谋术数要弄人，老百姓亦今非昔比了，而是上有权术，下有计策，以统治者几个脑袋中有限的鬼点子来与天下千千万万人的智慧相抗衡，岂不是“以蚊负山”，难以奏效吗？

老聃先师曾经指出：“治大国若烹小鲜。”就是说，统治方法要搞得简单些，不要耍鬼花招，就像锅里煎鱼吧，摆弄两下即可住手，如老是翻来覆去的颠弄不已，小鱼的肉就支离破碎了——如果有知觉的话，小鱼也会感到痛苦不堪，如同民不聊生，于是就要揭竿而起大呼造反了。

倘如统治者本身严以律己，诚以待人，天下为公，爱民如子，无为而治，那么天下的老百姓莫非还会无端捣蛋，无事生非吗？诸位难道看见过有人用三十六计狡诈伎俩对付一个天真无为的婴儿吗？不会的。用了也不顶用，无处售其奸。

相反，如果整个世界从统治者开始，大家面面相觑，各怀鬼胎，彼此勾心斗角，尔虞我诈，以至于老百姓熟能生巧地也跟着一起效法起哄，弄得人欲横流，遍地鬼诈，一发而不可收拾，那么这个世界离末日也就不远了。

呜呼，人世间的君王们，大可无为而治，千万不要自作聪明，开凿智窍，以奸诈权术治理天下，最后搞得"凿破混沌七日死"，大家一起全完蛋。

以下再讲个故事，就作为我夫子哲学的收场。

据说：古代，居住在南海的帝王名叫儵，居住在北海的帝王名叫忽。取名为儵、忽，可知这二位行走神速，而做起事来也相当机灵。居住在大地中央的帝王名叫浑沌，浑沌的意思无非是浑浑沌沌一团糟，没赶得上南北二位的灵巧。

因为腿脚灵便，来去迅速，儵和忽就常常喜欢互相串串门儿。但是南来北往的，总免不了要经过中央大地，作为主人的浑沌，对这二位"不速之客"很是友善，招待得很周到。这样，天长日久的，儵和忽觉得很过意不去，"礼尚往来"嘛，他俩偷偷地商量着，怎样才能好好地来报答中央帝王的盛情。

"浑沌老兄真不错，"南海帝王满脸感激地说，"对人雍雍和和，永远是一团和气。不过，人们都有耳、目、口、鼻七个窍儿，才能看、听、吃、喝、呼吸，才能享受做人的乐趣儿。但浑沌老兄鹅蛋似的脸上，浑脱脱的没个窍儿，真令人摸不着头脑，而且事实上喜怒哀乐他本人也无法表达清楚呀，真正是莫大的遗憾！"

"是的，一点也不假。气闷的时候，他就是想打个呵欠也没处打呀！真是可怜巴巴的！俺们做做善事积积德，给他凿几个窍儿试试，怎么样？"说着，北海帝王伸伸懒腰，还打了个呵欠。

南海帝王听了连连点头，高兴地嚷道：

"啊呀呀！亏你想得出，这真是一件天大的好事！咱俩可要仔仔细细地给他凿，凿好之后，也算报答人家一场了。"

这样，南北两位也不管浑沌愿意不愿意，就捧住他的脑袋替他认真地凿起窍来，而且糟糕透顶的是：这两位"巧匠"凿起来又是墨守成规，按部就班的，先两只眼眶、两个鼻孔、两个耳孔，最后才是一个嘴巴。所以，浑沌有苦憋在肚里一点也说不出，顶多只能干瞪着眼睛，倘如南北两位风流洒脱、大胆创新，能先给他凿个嘴巴，那么浑沌或许一开口就要叫起救命来。

就这样，每日一窍，儵、忽两位劈劈拍拍地凿，浑沌一人硬着头皮地受，不多不少，到了第七天，南北两位算是大功告成。但是瞧瞧浑沌，只见他奄奄一息，像走了气的皮球，满腹委屈，一下子死了。

八、庄子授课：寓言小品

　　庄子的人生哲学比较玄奥高深。因此，在讲授哲学的间隙，庄子亦讲一两则妙趣横生的寓言小品，使得众弟子紧绷绷的脑细胞能忙里偷闲轻松一下。此即所谓"文武之道，一张一弛"也。

　　（1）木鸡无敌

　　西周时期，有一个人名叫纪渻子，他善于养鸡，远近闻名。当时的周宣王酷爱斗鸡，因此就把纪渻子召进宫来，专门替他一个人精心养鸡。

　　光阴飞逝，转眼之间已过去了十天。周宣王好像有点心急，就问道："鸡养得怎样，可以斗了吗？"

　　"还没有哪。我养的那只大公鸡看上去正昂头翘尾地有一股骄气。这模样，上阵斗起来是不能耐久的。"纪渻子答道。

　　又过了十天，周宣王熬不住又问了。

　　纪渻子说："还没有哪，因为那鸡还沉不住气，一看到旁边的鸡，就像是'离弦之箭'，刹地一下冲上去便斗。这是要吃亏的，它似乎还不懂得'以逸待劳'的道理。"

十天又过去了，周宣王心想，这下总可斗了吧，于是又探问了。

纪渻子笑了，解释道："还没有哪，还要等一下。那鸡有时还免不了抖抖冠子，瞪瞪眼珠，凶煞煞的仿佛还有一股盛气。骄气、盛气，都是一种孬气，成事不足，败事有余。只有养成一腔浩然之气，才能稳然临敌，战无不胜。所以我还要磨磨它的性子。"

周宣王听得蒙头蒙脑，差点摸不着门槛，他心里嘀咕道：这养鸡的年龄不大，花样倒不少，讲得天花乱坠、神乎其神，简直可以编本《养鸡经》了。不知我的大公鸡究竟给他养得怎样了。

度日如度年，好不容易又熬了十天，周宣王乘机又问开了。纪渻子满脸喜气，高兴地答道：

"这下总算差不多了。如今那只大公鸡视群鸡如草芥，就是听到它们的叫唤也只当是蛤蟆叫，能够始终保持神色不变，纹丝不动，瞧上去木头木脑的，好像是一只用楠木雕出来的木鸡。这样，大公鸡真可说是修养到家，将无敌于天下了。"

周宣王一听，大为愕然，心想：养成了"木鸡"，还能斗得过旁边的活鸡吗？

说也奇怪，旁边的鸡每每遇到那只"木鸡"，见它泥塑木雕似地一动不动，都傻了眼，心想：它这算是哪一门鸡，"葫芦里卖什么药"，怎么死样活气地连眼珠都不转一下。拍拍翅膀，冲上去斗吧，又觉得没趣，又感到害怕。瞧了瞧，瞧了瞧，众鸡都感到木鸡稳如泰山、高深莫测，仿佛身后埋伏着十万只雄鸡，猛地一下冲出来帮它的忙似的，所以尽管很热闹地瞧了瞧，实在没有一只鸡敢上去交锋一下。最后，大都是瘟头瘟脑地溜开了。

（2）"朝三暮四"

春秋时期的宋国，有一个专门饲养猴子的老翁，他非常喜爱猴子，所以，鲜蹦活跳的猴子竟养了一大群。日子一长，老翁渐渐地摸透了猴子的脾气，而猴子呢，好像也很懂得人意似的，很称主人的心。

然而老翁的家景也不富，为了尽量让猴子们吃个痛快，只得常常省下家里人吃的东西。有一段时间，老翁穷得实在拿不出足够的食物，就想对猴子每天的食物限制一下，定量供给，可是又怕这些猴子平日里吃饱喝足、娇生惯养的，如今一下子限起食物来，会大大地不高兴，甚至调皮捣蛋再也不听自己的话。

老翁有点左右为难。想了很久，觉得只有耍个法子骗骗它们，否则是很难维持下去的。

"咳，猴儿们，现在我给你们说件事。"老翁一本正经地宣布道。

众猴子见主人召唤，呼噜一声，就跳跳蹦蹦、挨挨挤挤地拥了过来。其中一个红脸翘鼻的小毛猴，冷不防地一个筋斗竟从远处翻到主人的怀里。

老翁摸了摸它的脑袋，继续说道：

"我想，从今天起给你们吃橡子，早晨给三升，晚上给四升，怎么样？够不够？"

众猴子一听"朝三暮四"，可气坏了，这么一点橡子怎么够吃呢。大伙儿不由竖立起来，瞪着眼睛，露出一副"金刚怒目"的样儿。

糟糕！老翁一见赶忙改口道：

"那么，早晨给四升，晚上给三升，够不够呢？"

众猴子一想，"早晨给四升"，不错，一会儿功夫主人就加了一升，老头儿真好！这样，众猴子点点头，趴了下去，在地上互相磕头碰脑、翻滚窜爬起来，表示十分满意、十分高兴。

（3）屠龙之技

古时候，有个人名叫朱评漫。他很想努力学点本领。可是三百六十行，眼花缭乱的，究竟去学什么好呢？朱评漫左顾右瞧，心里有些捉摸不定。他这人平日的志向不小，好高骛远，总想在什么地方能学点稀奇古怪、独一无二的技能，以便超人一等，让旁人看着眼巴巴地佩服。可令人不胜气馁的是：天地间似乎很少有这样让人轻轻松松大出风头的本领，所以好长时间朱评漫只得什么也不学，呆在家里闲着无事。闷得慌时，就白天看麻雀闹夜里听耗子叫罢了。

有一天，大抵是朱评漫的运气到了。他听说附近有个人本领出众，名叫支离益，他有一手屠杀天龙的绝招。朱评漫听了正合脾胃，因此喜出望外，高兴极了。他想："踏破铁鞋无处寻"，这下可给我撞着了。杀猪宰羊，不希罕，这活儿一般人都会干，可是能宰杀天龙的，实在是破天荒第一次听到。这种本领可说是"凤毛麟角"，稀奇得很。学好了独家经营，肯定了不得了——赚大钱。

因此，朱评漫兴冲冲地决定去学屠龙了。

然而，朱评漫在支离益家里"开门见山"地首先吃了一惊。原来支离益家里并没有一条活龙，只是在房子里的墙上、门上、窗上、柱子上、椽子上，琳琅满目地画满了大大小小的龙。有黄色无角的螭龙、青光璘璘的虬龙、黑气斑斓的蛟龙；有横飞的、直升的、盘绕的；大都是张牙舞爪、喷云吐雾，或者是藏头露尾、翻江倒海。总之，乍一看来，那威风凛凛的满屋满室的龙相，确乎是很怕人。怪不得那爱龙如命的叶公看见真龙下降露真相，便要吓得惊慌失措、拔腿就逃了。

朱评漫初初一见，也感到很怕，但为了学好绝招，将来能炫耀世上，发财致富，所以就鼓起勇气，诚恐诚惶地拜了支离益为师，并送上了一份厚礼作为学费。

　　支离益收了朱评益为徒弟，心里也很高兴。因为自从他在屋里画了许多龙要教人宰杀以来，门前冷冷落落的，实在还没有一个人自告奋勇地登门求学，所以照旧是独自一个，形影相吊，好不寂寞。如今猛的一下，来了个朱评漫，自送上门，要拜他为师，学他的本领，这样，也就使这座画龙房里略略热闹起来。

　　杀龙师傅把开门徒弟领到东墙旁，拿起一柄刀，指着壁上的那一条几丈长的画龙的咽喉，煞有介事地说：

　　"瞧着。喏，在这里一刀斩下去，别慌。打蛇打七寸，杀龙杀咽喉，记住，千万别忘了。随后把刀口朝后一划，把龙腹部开来，小心，用力别太猛，否则把龙胆碰碎了，龙肉就要发苦了。倘如要烧一席山珍海味、龙肝凤髓的话，那就顺藤摸瓜，在龙胆左上方三寸的部位，把一颗龙肝割下来。咳，龙的全身都是宝。龙骨、龙齿可做药，能安神、止血、敛汗。连龙的唾沫，也是做龙涎香的好材料……"

　　朱评漫在一旁认认真真地听，全神贯注地看，唯恐眼睛一眨，漏学一点。然而朱评漫也有些苦处，苦就苦于他的师傅画不来龙的剖视图，因此永远只看见一只囫囵的龙肚子，看不见龙的五脏六腑，就像只看见一只闷葫芦的外貌，却始终不知道这闷葫芦里卖的什么药。总之，杀龙师傅拿着一把刀，在壁上的画龙身上指指点点，作一番"画饼充饥"的表演。朱评漫呢，如同瞎子摸象一般，也干脆只能凭空想象罢了，所以，到头来，他恰似壁上的画龙一样，坠入云海雾天之中，实在有点摸不着头脑了。

　　不过，天长日久的，"光阴不负苦心人"，虽然是跟着师傅"纸上谈兵"地学，但无非只是杀一条画龙呀，毕竟不是造一座龙宫，所以说到底，也不会麻烦得要命难学得要死。就这样，从刮画龙的鳞、剖画龙的腹，一直到割画龙的角、剥画龙的爪，整整学了三年，把家里的千两黄金都用尽了，才总算把支离益全套的屠龙本领学得滚瓜烂熟，一丝不走样。

　　临别之时，师傅送了徒弟一张杀龙示意图。那图中龙的肚子上，歪歪扭扭地写了几个字：肝、胆、心、肺……借此来标明一下这些物件的部位，免得将来徒弟万一生疏遗忘，也能"按图索骥"，依样杀天龙了。可是朱评漫见了这张图，心里也暗暗埋怨师傅：倘如早得了这张杀龙示意图，在这里也顶多学一年就够了。这样，浪费光阴倒也罢了，可也就多花掉好多黄金了。

不管怎样，三年学成，总是件很高兴的事情。

朱评漫很得意地回家去了。他自以为在师傅那座龙天龙地的龙馆里学了三年，胸中自有千条龙，除了师傅，杀起龙来自己还不是天下第一！朱评漫回家之后张罗一阵，拣了个黄道吉日准备开张。为了装潢一下以广招徕，门前挂了一副对联，上面是斗大的墨字，道是："活杀北海蛟螭，烹成南味龙肝。"横批是："独家绝技。"

朱评漫这样一排场，心中得意扬扬，满以为不久这杀龙店将风闻天下，顾客纷至沓来，家中一定是门庭若市，应接不暇。那时节，自己拿拿架子，摆摆威风，使使本领，光等着发大财就是了。朱评漫想得倒是美，但往往是"事与愿违"。他坐在家里等啊等，足足等了三个月，竟然没有一个人缚了条龙来请他宰杀的。朱评漫有点不耐烦了，渐渐地心里急躁起来，他想：天下的人真是愚蠢的多，有眼不识泰山。自己花了千金之费辛辛苦苦学来的大本领居然没有一人懂得，真是又气又好笑！

猛然间，朱评漫独自一个仰天哈哈大笑起来，他嘴里咕哝道：

"哈哈，我这是深深地嘲笑整个天下呀！"

不过，笑归笑，人家还是不上门。朱评漫只得耐耐性子，又等啊等。光阴似箭，一晃眼半年过去了，还是没有一点生意。挂在墙上的那柄杀龙刀，原先明晃晃地雪亮，很是威风，而今因为常常不用，刀面上生了一层黄黄的锈，像是坟堆里掘出来的，变得花里斑斓，很不中看。

有一天，总算有桩生意光顾这杀龙店了。原来来了个老翁，笼子里装了条大蛇来请朱评漫杀一下。谁知道朱评漫眼睛一横，没好气地说：

"杀龙店概不杀蛇！"

"一样是生意嘛，为啥不杀？"老翁有点奇怪。

"没学过，不会杀！"朱评漫答得很干脆。

老翁搔了搔头皮，肚里道，好家伙，杀龙的竟然不会杀蛇。这真好比是能打南山的老虎而不会捉东屋的猫咪了。哈哈，真是奇闻一桩了。老翁一扭头，拿着蛇笼也就跑了。

自此以后，再也没有人上门了，且不说杀天龙吧，就是连叫他杀黄鳝的人都没一个了。

朱评漫的杀龙店的大门前永远是静悄悄的，不见人影。看那情景，实在可以撒点谷粒，用网捕雀，干脆开一爿鸟店，或许生意倒会兴旺起来。

（4）夔、蚿、蛇、风

夔，是古代传说中的一种野兽，形状似牛，声音如雷，没有角，只有一条腿。蚿，又名马陆，是一种多足之虫，俗称香油虫。如今夔、蚿、蛇、风，四者凑在一起，就热热闹闹起来了。夔可怜蚿，蚿却羡慕蛇，蛇又去眼红风。

夔一跳一蹦地从一座山坡上走了过来，看见一条寸把来长的蚿躺在一块湿地上起劲地咬草根，它那有着赤色斑纹的暗褐色的身子，正在得意地一节一节地蠕动呢。夔向蚿自我介绍道：

"哎，小老弟，我的大名叫夔，你瞧瞧，我只有一条腿，可走起路来跳跳蹦蹦，利利索索，大大方方，多爽快！"

蚿抬起头朝夔看了一眼，心想：这个模样倒没见过，可嗓门这么粗，声音这么大，吓我一跳，真是如雷贯耳呀。

"久仰，久仰，你老兄真是'金鸡独立'，天下瞩目呵！"蚿晃了晃头，算是恭首作揖，嘴里一边结结巴巴地恭维道。原来它的口中含着半根草茎，还没有嚼烂咽下肚去，所以说话的声音不免有些含含糊糊。

　　夔一见蚿在摇头晃脑地颂扬它，心里更得意了几分，站在山坡上，干脆就像唱"独脚戏"似地唠叨开来：

　　"是的，是的，你小老弟的眼力还不坏。大凡天地间能称王称霸的野兽，如狮象虎豹，都是四条腿，缺一条则寸步难行，连狗都不如。就是作为万物灵长，大名鼎鼎的人类吧，也非得有两条腿，才能左一脚右一步地走路。唯独我，夔，得天独厚，只有一条独腿，然而跋山涉水，又蹦又跳，同样能走路。咳，当今世上，四海之内，实在没有再比我轻巧灵便的了，真正可以说是'天下独步，无与为偶'！而你这个小老弟呢，夹七夹八，拖泥带水地竟生了这么多腿，每走一步，每条腿跟着都要动一动，像跳舞蹈一般，好麻烦！好吃力！难道您就不感到疲劳吗？"

　　这时，蚿已三嚼二咽地吃完了草根，所以它清了清嗓子，大声回答：

　　"不，不，我一点也不觉得疲劳。要知道这是天然的呀！打个比方说，您见过人打喷嚏吗？'喀啾'一声，人们一个喷嚏便从嘴巴里喷出许多四溅飞扬的唾沫，这些唾沫的形状通常是圆圆的，大的如河蚌中的珍珠，小的仅仅像清晨的细雾露珠。那么一个喷嚏究竟会产生多少这样的唾沫珠儿呢？嗨，那才是天晓得，数量之多简直是不可胜数。试问老兄，这么许多唾沫珠儿莫非是人们故意弄出来的吗？——您弄给我瞧瞧——不是的，这是天然的，故意弄也弄不出，可以说这是'天工'，不是'人巧'。当时，人们只觉得鼻孔里痒痒的，喀啾喀啾，还来不及想一想，许多珠儿就下意识地随喷嚏一起喷出，要知道这真是天然的呀！"

　　"而我的走路呢，也是一样的道理，就像打喷嚏一般自然。我想走了，一腿一动，众腿跟随，自自然然的，不用费劲。您瞧瞧，我并没有许多脑袋呀，我只有一个脑袋，倘如一个脑袋管一条腿，多生一条腿就多生一个脑袋，那才麻烦死了！因为动一动一条腿，就要动一动一个脑袋，十几条腿一起走动，十几个脑袋就一起开动，咳，我的天，那才真正疲劳死了！可我现在呢，只生一个脑袋，简简单单，脑袋里想走，好，走，一动百动，自自然然，轻轻快快，恰似风吹大树，千百片树叶跟着一起哗哗摇动，难道风耐着性子一片一片地挨个吹叶子吗？笑话，不可能！大风只是吹着树干，树干一摇撼，树叶就会抖动了，这叫做'牵一发而动全身'，自自然然。所以承蒙您多多关心、怜悯，我可是一点也不感到疲劳。"

蚿絮絮叨叨地讲完这席话，觉得嗓子眼干得直冒火，就再也不吭声了。而夔呢，听完之后思忖了一下，感到这蚿个头不大，但耍起嘴皮却头头是道、滔滔不绝，不仅腿生得多，而且好像嘴也比别人长得多。不开口倒也罢了，一张嘴就有点一"鸣"惊人，实在也没话驳它。

因此，夔光瞪了瞪眼珠，就一跳一蹦地跳开了。

蚿继续在湿地上啃它的草根，一点也不觉得寂寞。过了好一会儿，突然听见那边草丛里传来一阵窸窸窣窣的奇怪的声音，蚿闻声寻去，仔细一看，嗄，原来是条花色斑斓的蛇，只见它在青草间滑溜溜地蜿蜒爬行，脊背一缩一拱，爬得很是麻利。

看着，看着，似乎有点茫然若失，而心中又不胜羡慕，它慢慢地不自觉地移过步去，同蛇搭腔道：

"哟，我道是谁，原来是蛇大哥，上哪儿去呀？兴冲冲的！你瞧瞧，我这么许多腿一起走路，竟然还不及你无腿的快。唉唉，惭愧，惭愧，请问：你爬得这样快，究竟是怎么搞的呢？"

蛇听了，很骄傲地扬起脖子，眼睛朝天地答道：

"噢，你在说我？我嘛，还用你说，当然跑得快。人们不是常常说'龙行虎步'吗？这话就是专门用来形容俺们跑得快的词儿。可龙是龙，和我蛇有什么相干呢——你或许要问，其实你应该早就知道，咱们龙蛇原先是一家，我蛇，就是无角的龙；而龙呢，就是有角的蛇。总之，我是天生其才，根本无法变换一下，而你呢，顶多只能在一旁睐睐眼睛，眼热一下我的本领，学也没法学。你看看，我的身子只要拱拱，就可以了，我干吗需要累赘的腿呢。从前有人给我画过像，不知怎的，硬是凭空替我加上了几条腿，后来，这事就被人讽刺为'画蛇添足'，成了千古笑话！哈哈……莫非你也想给我添几个腿儿吗？……"

蚿受了蛇的这一顿奚落，肚里很恼火，心想：你再高明也不过是在地上一拱一拱地爬，又不是在天上腾云驾雾地飞，有什么特别了不起！就这样盛气凌人、夜郎自大，哼，真是气人！

蚿一扭头就爬开了。蛇还不知道，只是一个劲地扭动脖子扬扬得意呢。过了大半晌，周围一点动静也没有，蛇很纳闷，低头一看，才发现蚿没了，大概气跑了吧！蛇独自一个，也觉得没趣，所以又嚓嚓嚓地朝对面那个山坡爬去。

蛇在一个山岗上停了下来，身子盘成一团，伸起个脑袋，正想观赏一下四周的景致，突然一阵大风刮来，树叶飘动、尘土飞扬。蛇心想：这风刚才还在那山上打转转，一眨眼，就吹了过来，可见比我跑得快多了。蛇睁大眼睛，想仔细瞧瞧风的模样，但又不见个影儿，于是蛇扯开嗓门向空中嚷道：

"喂，喂，风老哥，你停一停！我说，你干吗要跑得这么快呢？你瞧瞧，我虽然没有腿儿，但我有个脊背，可以一拱一拱地爬行，这样看来，我的行走还有个凭借，还有个依靠，可你这算是哪门子呢？只听见蓬蓬蓬地从北海吹来，又蓬蓬蓬地朝南海吹去，既没有腿脚，又没有脊背，简直连影子也没有，嘿，你这算是怎么搞的呢？"

风在半空中打了几个圈圈，回答道：

"对，对，你说得一点也不错。我是蓬蓬蓬地从北海吹到南海去，又蓬蓬蓬地吹回北海去，你看，我的气派不小呢！可我也有我的苦衷，平时人们用手朝我指指点点，我却吹不断他的手指，用脚踏踏我，我又吹不断他的脚踝，这样看来，我的性情大概是很柔和的吧？殊不知我发起脾气来，乖乖的，可了不得，我能把百年的大树'喀嚓'折断，把巨大的房屋'哗啦'掀起，这，在自然界里，雷、电、雨、雪谁能做到这一点呢，嘿嘿，只有我风！

"可见，只有在小处忍一忍，才能在大处逞逞威。如果平时不积蓄，乱吹乱刮，随处发泄，那么，刹那间怎么能形成飞屋拔树这样巨大的力量呢！咳，这就叫做积沙成山、积'忍'成怒呀！这个道理，听听容易，可只有圣人才能做到，一般的人就不必谈了。"

（5）罔两与影子

在白天阳光照耀下，任何东西和人体都会显出它的影子。如果仔细观察一下，影子旁边还有淡淡一圈的微影，这微影，通常叫它"罔两"。

有一天，一个罔两嗔怪一个影子说：

"嘿，你这个家伙，一会儿低头，一会儿仰首，刚才束紧头发，现在又披头散发；刚刚还坐着，如今又站了起来；一会儿在跑，一瞬间又停住脚步。这玩什么鬼把戏呢？我跟在你的后面，一会儿这，一会儿那，颠来倒去也受够了罪。你这家伙朝三暮四，怎么连一点节操都没有？"

影子听了，有点气鼓鼓地反驳道：

"说得倒轻快，可你问我，我去问谁呢？去问那位主宰我们的活的人体吗？——可他又不懂咱们的话。我，影子，似乎天生就仰人鼻息，摇来晃去，何必还要劳驾足下责问呢？老实说，我为什么总是摇摆不定，我自己也搞不明白，因为这是咱们主人——人体的事。自从追随了他，咱们可说是'人在江湖，身不由己'了啊！人体要向东，我影子不敢也无法不朝东；人体去西，我影子黏在一块也朝西。谁让咱们是影子呢？

"然而仔细一琢磨，我影子也不完全依附人体，如同知了脱的壳、花蛇蜕的皮，也是造化的一分子，可说是独立存在的。"

影子说得有些玄妙，罔两却听得有些懵懂，赶紧追问一句：

"此话怎讲？"

影子不慌不忙进一步申述它的观点：

"一旦有阳光和火光的时刻，咱们影子就应运而生，堂而皇之地出现了；如果是阴天与黑夜，咱们影子就退避三舍，'无影无踪'地消失了。这样看来，谁能说咱们影子是依靠人体才出现的呢？这就充分证明影子也是独立的，是造化的一分子。另一方面，咱们也不仰仗阳光和火光，因为仅仅有阳光和火光的话，影子也不会凭空产生。你想，咱们依赖谁了呢？咱们谁也不依赖，咱们是真正独立的。

"人们常说'形影不离'，其实这是糊涂的观点，影子与人体实际上是彼此各自独立的。试想，咱们影子都宣告自己是独立自主的，那么，世上还有什么不能独立呢？芸芸万物都将独来独往，一空依傍！"

(6) 蛤蟆与大鳖

泰山脚下有一口浅井，当年孔子登泰山观日出时，曾在井边小憩半个时辰，舀过一瓢水喝。多少年过去了，先前清澈见底的井水渐渐浑浊起来，原来有一个蛤蟆跳在井里，整天东窜西扑，上下翻滚，穷折腾，把一口井水搅得浑沌不堪。

有一天似乎是春暖花开，太阳煦煦地照着，这个蛤蟆在井里一连呆了数年，觉得全身滑腻腻潮得慌，就沿着井壁探头探脑地爬了上来。呵，没想外面的世界真奇妙！蓝天白云，青山绿水，远处还有几朵小花在碧草丛中红艳艳地招展。蛤蟆瞧得心神陶醉，不由得在草地上连翻几个筋斗，然后仰身躺下，灰白的肚子沐浴在温煦的阳光下，散发一下多年的潮气。

躺了一会儿，蛤蟆也觉得无聊，就翻了个滚，鼓瞪眼珠四处瞧瞧，突然看见左边土丘边有一个大磨盘在慢慢移动。蛤蟆想：这可新鲜了，磨盘也有腿？蹦过去一瞧，何尝是大磨盘，原来是个灰不溜湫的大鳖在缓缓地爬动。

大鳖原先生在东海，长大以后，也想出远门，溜达溜达，就长途漂浮，越过黄海，从蓬莱岛边爬上岸，爬啊爬，好容易来到泰山脚下。由于

远程跋涉，大鳖似乎很疲乏，懒洋洋地爬着，想找一个所在休息一下。

蛤蟆竖了竖后腿，又鼓了鼓肚子，尽量装得大模大样一点，对大鳖发问道：

"喂，你老兄这么大的个头，从何而来？就是打哪儿冒出来的呢？"

大鳖闻声，探了探头，原来是个小不点儿的蛤蟆，在竖腿鼓肚要充大阔佬。大鳖觉得有点滑稽，就说：

"噢，好棒的小老弟！俺是个粗人，俺是从东海洋上来的呀！初来乍到，还请小老弟多多关照。"

蛤蟆见大鳖个头很大，但口气不大，因此就松弛一下鼓胀的肚子，换了口气说：

"呀！失敬、失敬！大驾是从东海洋上来的？'东海洋'？没听说过，它有多大呢？你老先生瞧瞧，我虽然在水井里住着，从未去过东海，但我却活得快活极了！平时感到寂寞，我就跃出井来，在井栏边遛遛玩玩，夜赏明月昼观日；如果觉得疲劳呢，我就窜入井内，在破砖缺壁上耷拉脑袋睡个觉。晚上在井水里洗个澡，浮起两腋托着腮帮，瞅瞅夜空数星星；若要安静，我就泅入井底，泥浆掩没脚背，软绵绵的如同盖了丝绸被。我陶然自得、踌躇满志，偶尔回头看看井里的小赤虫、小螃蟹和小蝌蚪，它们谁能像我这样快乐呢？我独霸一井，逍遥自在，仰天俯地，唯我独大，这不就是世上最大的快乐吗？嘿，老鳖先生，你那个东海洋算个什么捞什子呢？你何不随我跳入井内，参观参观新世界呢？"

大鳖平生从未见过水井，只听蛤蟆把它吹得天花乱坠，就想姑且见识见识也无妨。大鳖摇摇摆摆爬过来，没料到左脚还没有伸进井内，右脚已被井栏绊住了。原来这口水井尚不及大鳖的脚掌大。

大鳖朝后退了几步，苦笑了一下说：

"蛤蟆兄，看来俺真是个粗人，无缘观赏你的水井宫了。不过俺可把东海的模样给你拉呱一下。东海洋这个'捞什子'，究竟有多大呢？一眼望去，东海洋上白浪翻滚，水波连天，浩邈辽阔，九千里的遥远，不足形容它的大；八千尺的高度，不足测量它的深。大禹时代十年有九年闹水灾，天下洪水滔滔，遍地浊浪，然而东海没有涨高一点；殷汤时代八年有七年遇旱灾，天下赤地千里，田野龟裂，然而东海也没有下落一点。蛤蟆兄，你想一想，在这种汪洋大海里究竟快乐不快乐呢?"

乍闻之下，蛤蟆的脑袋一下子简直无法想像所谓东海之大究竟有多大，它只觉得脑袋昏昏然，似乎东海之水铺天盖地漫溢而来，灌得脑袋胀鼓鼓，沉甸甸的。扑通一声，蛤蟆只得转身跳入井中，去睡大觉了。

九、庄子授课：人物掌故

庄子授课的第三种方式，是讲一点人物掌故。如果说"寓言小品"是一种文学艺术，那么"人物掌故"就是一种历史知识，加上最初的"人生哲学"，庄子授课的内容亦可说是文史哲俱备，洋洋乎大观矣。

然而，庄子毕竟是一位哲学家，故无论是讲文学、论历史，众弟子从中都能感受到一种浓郁的哲学氛围。

（1）老子与孔子

老子，据说是南方的大圣人，生活在楚国。老子，姓李，名耳，字伯阳；或名重耳，号老聃。老子在世一百余年，何以屡改名字，称号不一？据上古九宫八卦经云：人生在世各有灾厄，届时若巧易姓名，腾挪闪烁，以随天地阴阳二气变化，则可以禳除灾殃而延年益寿。

或云：老子来头不小，伏羲时为郁华子，神农时为九灵子，祝融时为广寿子，黄帝时为广成子，颛顼时为赤精子，帝喾时为禄图子，尧时为务

成子，舜时为尹寿子，夏禹时为真行子，殷汤时为锡则子，文王时为文邑先生。总之，为历代帝王师。如此看来，老子似是千年不老万年不死的活神仙。

孔子，据说是北方的圣人，居住在鲁国。孔子精通六艺、学识渊博，生平志向是以周公之道治国平天下，故几十年来，他是席不暇暖，栖栖惶惶地周游列国游说君王，希望能一展怀抱。但不胜遗憾的是：孔子是屡遭白眼八方碰壁，弄得来是郁郁寡欢闲居在家。

这一年孔子是五十一岁，他若有所思似有所悟，一听说南方有个老子大圣人，便决计去拜访求教一番。一路上风餐露宿，花费了若干时日，孔子终于来到了老子府上。

老子的客厅，除了墙上挂了个大葫芦之外，空荡荡的家徒四壁，深得主人清静无为之真谛。

孔子见客厅中央坐着位白发广额的老翁，料是主人，就深深作了个揖。

"老先生贵体可安？孔丘拜见老先生。"

老子双手一拢，算是回礼，说：

"听说，足下是北方之贤者也，太抵早已得道了吧？"

孔子又作一揖，说：

"未也，未也。孔丘穷途末路，尚未得道，故向老先生求教来了。"

老子眯缝着眼，问：

"那么，足下以前是如何追求道的呢？"

孔子比划着说：

"我以前从政治制度方面去追求，历五年而未得道也。"

"那么，这以后又如何追求道的呢？"

"我接着从阴阳变化方面去追求，历十二年而未得道也。"

老子睁开双目，莞尔一笑，说：

"说得也是。这道，倘可以奉献，人臣没有不奉献给君主的；这道，倘可以进贡，人子没有不进贡给父母的；这道，倘可以透露，人们没有不透露给兄弟的；这道，倘可以传授，人们没有不传授给子孙的。然而这是不可能的。原因很简单：人们心中没有灵气颖悟则道不停留，人们向外不能举一反三则道不通行。这样看来，足下倘未得道，亦非奇事而不可思议也。"

老子顿了顿，又说：

"天底下追求财富的人，不会让人利禄；追求显耀的人，不会让人名誉；贪图迷恋权势的人，不会授人以权柄。统治者掌握了权势，却常常疑神疑鬼，恐怕别人会暗害他，故一日权势在手，一日惊恐万状；一旦失去权势，却又悲伤不已，因为回想往日炙手可热，何等荣耀，而今世态炎凉，不胜凄怆冷落了。这一类人，动辄受惊生悲，心中未尝一日有所清静，真可说是天生的刑戮之民啊！唵。"

说完，老子双目一闭，算是送客。

隔了半年，孔子又来拜谒老子。见面作揖之后，就抢先谈了一番自己最擅长的仁义学说。

老子大智若愚地听了半晌，终于开口说：

"阔别多日，足下进步不大。簸糠扬入眼睛，天地四方看起来就颠倒了；蚊虻叮咬皮肤，通宵达旦就会不得安眠。而天下的祸害，没有比仁义之说骚扰人心更大的了。回想上古赫胥氏时代，无庆贺之利，无刑罚之威，无有欺诈暴虐，无有爱憎畏忌。老百姓鼓腹而游，含哺而熙，日出而耕，日入而休，一片恬淡纯朴太平安宁之世，何须讲什么仁义之说呢？

"然而昊天不吊，百姓不幸，不知怎么的出现了三皇五帝，自作聪明，以权术智诈治理天下。殊不知'出乎尔者反乎尔'，上以智诈对下，下亦以奸猾对上，上行下效，尔虞吾诈，把个原先好端端的清明世界搅得不可收拾，于是乎'失道而后德，失德而后仁，失仁而后义'，急急忙忙提倡仁义之说，企图感化百姓，恢复原先纯朴世风。然而己身不正，焉能正人？治人者心口不一，越提倡仁义之说，被治者越刁猾奸诈。这样看来，仁义之说岂非祸乱之源吗？

"足下倘想使天下归于纯朴，大可道法自然，无为而治，何必喋喋不休去倡导仁义，真像敲着大鼓去追寻逃亡的奴仆，难道能成功吗？白鹤无须天天洗才白，乌鸦不必天天染才黑。黑白的本质，不值得论辩。泉水干涸了，鱼儿在烂泥地里扑腾翻滚，才晓得以湿气互相嘘吸，以口沫互相湿润，与其如此倒不如在水波滔滔的江河里彼此相忘的好！"

孔子听罢老子这一番训示，瘟头瘟脑地赶回家，静默三日而不发一言。众弟子甚感诧异，于是问道：

"夫子这次见了老聃，有什么规谏呢？"

孔子白了白眼睛，喘了口气，说：

"神龙见首不见尾，我这次似乎见到了龙，它收拢来像一团光，散开来似一片彩，乘着云气纵横四海，光怪陆离，变幻莫测；我见到老子如同见到了龙，我瞠目结舌不知所措，还能有什么规谏呢？"

约摸又过了半年，孔子又来拜谒老子。由于熟门熟路，无须他人通报，孔子径自走进客厅，向老子深深作了一揖，说：

"今日要向老先生讨教一个问题：我孔丘研究《诗》、《书》、《礼》、《乐》、《易》、《春秋》六部经典，已有几十年了。自以为熟知其中三昧，就跑去游说七十二位君主，发挥前辈圣王的大道，阐扬周、召两公的业绩。然而所遇君主，皆'顾左右而言他'，没有一人愿采纳鄙人的主张。呜呼，大道之行难矣哉！究竟是这些君主冥顽不灵难以说动呢？还是大道本身难以阐明呢？"

老子摇了摇头，慢慢地说：

"足下还是幸运的，幸好你没遇到治世的君主，就是遇到了，又怎么样呢？通常所说的《六经》，只是先王陈旧的足迹，哪里是足迹的根源呢？

你讲得气乏力疲的那套东西，就是陈旧的足迹。足迹，仅仅是鞋子所践踏出来的痕迹，难道就可误认足迹为鞋子本身吗？一对白鹞，雌雄相互瞧着，眸子不动而可生育；两个虫儿，雄的在上方叫，雌的在下方应，就可生育；有种名叫'类'的动物，一身兼具雌雄两性，故无须找对象，自身即可生育。呜呼，性不可易，命不可改，时不可止，道不可塞。倘如得了道，随你怎样，皆挥洒自如，无往而不利；倘如失了道，随你如何战战兢兢，谨小慎微，皆动辄得咎，无往而不倒霉了。"

老子这一段话讲得云天雾地，令人摸不着头脑。孔子回去之后，发狠闭门三月而足不出户，苦苦思量了一番。三月之后，孔子去见老子，说：

"鄙人总算搞明白了。乌鸦喜鹊孵化而生，鱼儿吐着泡儿濡沫而生，蜂儿是莫明其妙而化生；弟弟出生了，哥哥失去独自享受的爱而啼哭。鄙人庸俗不堪，很久很久未能与造化为友，不与造化一起变化，又怎么能去感化人呢？"

老子两颗莹莹发绿的方瞳在长长的白眉底下转了一转，说：

"妙哉！足下既悟及此理，亦可说是开始得道了。"

(2) 支离叔与滑介叔

古代，有两个飘游天下的隐士，名叫支离叔和滑介叔。他们两人有一天结伴去游昆仑山，兴致勃勃地登上了一座名叫冥伯的山峰。这座山峰峥嵘嵯峨、险峻奇特，如果远远望去，活像一支巨大无比的玉笋矗立在蓝天白云之间，很是雄壮。据说，先前早些时候，三皇五帝之一的黄帝也上这儿来赏过光、游玩过，后来，玩得累了，还在这山峰上休息了大半日。

支离叔和滑介叔在这山上漫步徜徉，心旷神怡。一会儿仰观天空，一会儿俯察大地，只见四周的山脉连绵起伏，昂然翘首，在一片云海雾气的苍茫之中，山峰丘峦像东海的波涛一般汹涌奔腾。自然界的变化真是奇丽壮观、气象万千呵！他俩瞧得热闹，正在啧啧赞叹，突然，一阵凉风从横侧里吹来，刹那间觉得胳膊上有点痒痒的。他俩心里很是奇怪，赶紧揎起袖子低头一瞧，原来肘弯上不知怎么搞的，顷刻之间竟孳生出一个肉瘤，这家伙圆圆鼓鼓的，模样比一只拳头还大半寸哩。

莫非是昆仑山上的气候变化太大，以致人的气血不通，竟猛不丁的一下子长出这个累赘来，还是其他什么缘故？总之，不管怎么说，他俩瞧了瞧各自肘弯上的肉瘤，心里似乎有条毛毛虫在爬，觉得很是肉麻，很不好受。

支离叔不由自主地搔了搔他自己的肉瘤，有点哭笑不得地嚷道：

"唉唉，伙计，这算什么玩艺儿？又不是白面馒馒头，咱俩真走运，竟一人捞着一个。嘿，个头倒还不小哩。哎哟哟，搔搔还蛮疼的，你厌恶不厌恶？"

呆在一旁的滑介叔仔细地看了看自己的这只瘤，又认真地瞧了瞧对方的那只。观察了一番之后，他也感到非常惊奇：原来这两只难得的宝贝不但生在同一个地方，而且连个儿都一般肥大，模样都一般"俊俏"，肉鼓鼓的真像是一对惟妙惟肖的双胞胎、孪生兄弟。咳，真是天地之大，无独有偶呀！

滑介叔瞧瞧肉瘤，又看看远方飘荡的白云，一瞬间仿佛感到大彻大悟。突然，他莫名其妙地仰天大笑了起来，对支离叔说：

"哈哈，哈哈，'既来之则安之'，有什么大惊小怪的。这肉瘤，我一点也不厌恶。再说，你厌恶又有什么用，难道你不喜欢它，它就害羞地逃走了吗？不会的?! 嗨，小心，你别使劲地搔，搔破了还会出血呢。就我本人而言，我不仅不恨，而且还非常感谢这瘤，因为它虽然没头脑却通情达理，不使人为难。倘如它由着性子胡来，不管三七二十一，猛一下地生在你的鼻子上，死皮赖脸地挡住你透气的两个孔儿，恐怕你老弟现在就未必如此轻松悠闲了。这瘤虽是刚刚出世，初出茅庐，却又很通世故，也很知趣。它大概知道自己的那副尊容不很美，所以也不愿出头露面地生在你的颈窝上，招摇一下，吊得你脖子发酸，脑袋发胀，它只是文绉绉地在你胳膊上借了块地盘悄悄安了个窝，并且还痒痒地朝你打了个招呼，免得你猛地一见，大吃一惊，晕死过去。你想一想，这肉瘤虽不美观，倒也大方，而且它的态度总还不错吧！

"况且，我们的生命，我们这样的堂堂六尺之躯，是从哪里来的呢?"滑介叔越说越得意，一边还用手比划着。"是大自然给予的！而这肉瘤呢，是打天外飞来的吗? 不是的，也是大自然给予的！我们整个生命较之无始无终、永恒存在的自然界只不过像电光火花似的一刹那，可怜得很。我们到这个世上来，仅仅像做客一般，短短地旅行一次就要回去的。一句话，生命之于我们，不过是一种凭借。凭借了一定的物质，我们才成为其人，才长成堂堂一表六尺之躯。悟彻了这一点，我觉得自己这个身子就没有什么了不起，没有什么特别的高贵神秘，说穿了，它和尘土一样，不过是大自然的一种物质罢了。这样看来，我们这个不是永恒的身子暂时生了个不是不朽的肉瘤，也是没有办法的事，算不了什么，如同一个圆圆的大西瓜上多结了个胖胖的瓜蒂，一到冬天，连瓜带蒂，什么都将消失，消失得无影无踪，再也不存在了。总之，一生一死，就像自然界的白天和黑夜一样，是不可避免的。

"再说，你莫非忘了吗? 咱俩登上昆仑山干啥呢，不是正要细细地观赏大自然的千变万化吗? 现在承蒙大自然赏光，把'变化'送到咱俩身上——让咱俩生个肉瘤，使我们对所谓的'变化'能体验得更加真切，真是'求仁得仁，又何怨乎'，我何必去厌恶这个老老实实的肉瘤呢。"

(3) 孔子与游夫

晋国境内有一条名叫吕梁的河水。它从一座峻巍的高山上哗哗流下，瀑布竟有几十丈高，远远看去，就像一条张牙舞爪的白龙，蜿蜒在悬崖苍壁之间，水势凶猛，奔腾而下，激起的浪花白沫可以一气流动几十里。这种地方，连往常在水中悠悠自如的鳄鱼、鳌鳖都不能游，更不必说陆上生长的人了。

有一天，孔子周游列国路过这里，就站在远处细细地观赏这吕梁水景。说实话，在这种奇特的水光山影之中，东奔西走的孔子虽然见多识广，但也被如此雄伟壮丽的瀑布所陶醉、所震动。然而可叹的是他不是一位诗才，所以尽管心潮澎湃、意气激昂地欣赏了许久，却无论如何吟不出"飞流直下三千尺，疑是银河落九天"这样的佳句来。当然，这也难怪，因为那时节连五言诗都没有诞生，更何况七言绝句的问世呢。因此可见，虽是一个旷世的天才，也断断乎诌不出一两句超越时代的杰作来。

不过，子在川上曰："逝者如斯夫，不舍昼夜。"这个著名千古、脍炙人口的大感慨，恐怕就是孔子在玩赏吕梁水景时冲口而发的也未可知，说不定呢。

孔子站在那里浮想联翩，呆呆地瞧着。突然，远远跑过来一个年轻的汉子，不管三七二十一，嚓的一下跳入水中，莽莽撞撞地游了起来。孔子见了大吃一惊，以为这个汉子一定是有了什么冤苦而想自杀了，于是急忙叫几个弟子沿着河岸一直奔下去，想法拦住这人把他救上来。可是没想到，那个汉子在河里稀里糊涂漂了几百步远之后，突然又像水老鼠似的，从波浪里猛地冒出脑袋来，笑嘻嘻地朝四周窥探着，仿佛也是在瞅热闹、赏风景。孔子见了不免又是一惊，心想：这是怎么搞的，莫不是鬼儿作怪吧，他睁大眼睛仔细一看，只见那汉子俨然人面，模样可亲，绝不是一副吓人绝倒的青面獠牙。不过，他披头散发地横躺在水面，唱着歌儿，自由自在地随着浪涛的起伏稳稳向前，看上去，就如同在天空中腾云驾雾一样轻巧快活逍遥自得。

孔子看了不胜惊讶，就走到河边同这汉子搭讪道：

"嗨，你这个样子游得可真不错。起先，你猛地一跳，我以为是自杀；后来，见你在水中神出鬼没地游，就以为你是个鬼怪了；再后来，仔细一看，才知道你是人，不过是个游水好手弄潮儿罢了。我想问一问，你游得这样好，是否有什么不可告人的窍门？"

"哈，世上哪儿有什么这样的窍门？"年轻的汉子笑了起来，他随手抹了抹额上淌下的几串水珠，说道："我从小得天独厚，长大习惯成性，如今就命定铁打一般了。我游水的时候，自自然然，毫不用劲，随着旋涡一起下沉，跟着浪涛一起涌出，总之，是顺着千变万化的水势而永不违背它，这样，我就能游得得心应手、左右逢源了。假如说，这也算是一种窍门的话，那就是我的一种可以告白于天下的窍门了。"

孔子站在岸上听得津津有味，这时，他歪着头又问道：

"好，好。那么，你那个'从小得天独厚，长大习惯成性，如今就命定铁打一般'的话，算什么意思呢？"

说话间，一个白花花的大浪头猛地打来，这汉子随即朝水中一沉，避过浪头，然后又冒了出来，对岸上的孔子说：

"我生在陆地上长得一身好力气，这叫做'从小得天独厚'；后来跳在水里游水又游得从容自得，'无师自通'，这叫做'长大习惯成性'；如今，我天天游、月月游、年年游，游啊游，任你大江长河、急流险潮，凡是有水的所在我都能游，而且我自己也不太明白我为什么会游得这样好，这就是所谓的'命定铁打一般'了。哈哈，老先生，这下你可明白我的意思了吧！"

（4）子贡与丈人

子贡可算是孔子的一位高徒，有一次他出游到南方的楚国去，中途有事又准备折回晋国，于是渡过一条汉水，向西北行走。半路上，看见一个老翁正在修一个菜圃，把菜秧儿种成一畦一畦的。老翁又在菜圃里掘了个井，可奇怪的很，他既不用水桶吊，也不用其他的方法，而是掘了条隧道，一阶一阶直通井底，随后，手里抱了个土罐，一步一步地走下去，用罐舀了水，再磕磕绊绊地走上来浇菜。真是费劲而功效差，别人在一旁瞧瞧也够吃力的了。

子贡见了，在旁边嘲笑道：

"啊呀呀！老丈你这个样子未免也太原始了，好像还是在伏羲神农三皇五帝时那样。咱们今天已是周朝了，人家不是发明了一种机械了吗？倘如那机械灌溉，一日灌百来个菜畦也不怎么吃力，事半功倍的，老丈你干吗不用呢！"

老翁闻声仰起脸，不知是听不清呢，还是故意装聋。他说：

"什么？"

子贡有点糊涂，脱口说：

"什么叫'什么'？"

老翁换个法儿说：

"你说的什么玩艺？"

子贡这才明白，解释说：

"找根棍子，用条绳子吊起来，挂在井上，棍子前面装个水桶，后面装块石头。这样，前轻后重，吊起水来多方便，速度之快犹如一锅汤沸了，刹那间冒溢出来一般。这个东西叫什么呢？就叫桔槔。"

老翁一听，像是唆使他做坏事似的，脸上顿时愀然作色。子贡见了，很是纳闷，还来不及搞明白。突然，那老翁又仰天大笑起来了。老翁说：

"老夫听过我的先生老聃说过，发明这样一些诡异的机械的人，那么他从前为制造这诡异的机械干过诡异的活；干过这诡异的事的人，那么他从前一定先怀过诡异的心；诡异的心一旦存于胸中，那么他的胸怀一定很不纯洁。既然他胸中不纯洁，那么他一定是神情不定，胡思乱想的人，这正是我们道家所极端鄙视而要唾弃的！你唠叨的小玩艺，我们道家不是不懂——比它再巧的玩艺也造得出——只是不屑干罢了。做诡异奇谲的东西，一定先得存有诡异奇谲的心，然后想出诡异奇谲的点子，这样，推而广之，流弊所及，滔滔天下皆是尔虞我诈，互相欺骗的人了。那怎么了得？所以我们道家要绝巧弃智，摒弃诡异的小聪明，以图恢复上古一片淳厚质朴之风。"

子贡一听，大感惭愧，低下头去几乎抬不起来，好一会儿，才讷讷地说：

"老先生，有利总有弊呀！何必死板板的呢，莫非饭粒噎了喉咙就不吃饭了吗？"

老翁不屑一顾地说：

"什么东西？"

子贡瞪着眼珠问：

"什么？"

老翁又说：

"你是干啥的？"

子贡一楞，答道：

"我？我是鲁国孔夫子的弟子名叫子贡呀！"

说完，子贡偷眼觑觑老翁儿，看他是否大吃一惊而肃然起敬。

万万没想到，老翁一听勃然大怒，指着他的鼻子厉声斥道：

"噢，原来如此！那么，你不就是沐猴而冠假学圣人、独坐弦歌自叹自怜、夸夸其谈迷惑百姓的那一帮欺世盗名之徒吗？你们这一帮人，可以休矣哉！再也不要装模作样、盛气凌人了。头颈缩一点，脊梁弯一点，或许只有这样，你们这些彬彬君子才更能接近道一点。你们游说列国，四处碰壁，搞得唇干舌焦，惶惶不可终日，连自身都没有治理好，还大言不惭地想治天下吗？哈哈，毋再饶舌，你快点走开，可以休矣哉！"

子贡听了老翁这一番教训，如同夹头夹脑淋了一场倾盆大雨，慌慌张张像遭了瘟似地走了三十多里路才喘过气来。回到鲁国，他急忙一五一十地告诉孔子。孔子听了，倒背着手在屋里兜了两圈，想了半天，才说：

"唉唉，这位老翁大抵是先前在老子门下专修浑沌术的高明之士罢！这一流人物，平日收视返听、精神内聚，外表往往粗糙卑陋、质朴浑沌，然而殊不知拙于外者巧于内，一旦你惹着了他，他虽然浑沌一团，却能八面进攻，唇枪舌剑万箭齐发，口如悬河波澜翻滚，每每可以奚落得你无地自容而后止呢。我这里说的，仅仅是'浑沌术'的皮毛，至于'浑沌术'的内囊，精深得很哩，又岂是咱们这些门外汉所窥探得透呢？"

（5）南郭子綦论"天籁"

楚国有一个名叫南郭子綦的人，据说也是德行高洁的抱道之士。有一天，南郭子綦在家无事，靠着一只案几静坐，他意守丹田，仰天呼吸，一会儿就扫除了各种杂念，凝神入静，渐渐地物我皆忘，达到了"天地与我并生，万物与我合一"的境地。

南郭子綦独自气功静坐，撇下了他弟子颜成子游垂着手在一旁低首呆立。一个时辰过去了，弟子见先生仍然像呆木头似的一动不动，眼睛虽然睁着，但直瞪瞪地连瞳子都不转一下，看来他的灵魂早已出窍，大抵已在天国的琼楼玉宇中游玩，徒留一具皮囊在尘世——究竟是天热中暑呢，还是年老中风？总之，光景有点异样，很是怕人，为了保险起见，颜成子游把头凑了上去，放高声音说：

"先生，先生，您今天怎么了？是不舒服了吗？您怎么坐了一大阵子没个动静，难道坐起来就应该外表看上去像一段枯木头，而内心就该不起波澜像一潭死水吗？以前弟子我也见过人家的静坐，可从来没见过像您先生这样直毕毕一坐下去就纹丝不动的样子的。"

听完此话，南郭子綦先转了转眼珠，随后双手举起伸了个懒腰，像一个泥菩萨突然显灵一般从高度忘我中醒了过来。南郭子綦笑笑说：

"好啊，你小子问得好啊！静坐我练了多年，但今天也不知怎么搞的，竟然水到渠成，丹田下的一股真气沸腾炽热，循环流动，疏通百脉，如同醍醐灌顶，春意融融，使老夫在身心飘逸之中浑浑然忘掉世态人情，而与天地万物合为一体了。

　　"这类境界非修炼多年不易达到，常人旁观岂能理解。你小子说我静坐的模样与众不同，故惊奇得叫喊起来，这也难怪，正像你只听过人籁而未听过地籁，或者是只听过地籁而没听过天籁。"

　　刚才是先生枯坐，弟子呆立，颜成子游无聊得要命，正想听点新鲜事解解闷，闻此言，他赶紧接上去问：

　　"先生，那么什么叫天籁地籁人籁呢？小子闲着想长点见识，先生您就给我说说吧！"

　　南郭子綦的静坐既然已给弟子中途搅乱，一时再也静不下来，故清了清嗓子，干脆说了起来：

　　"人活在世上，不呼吸不成，那么大自然也一样。大自然一呼一吸，就是我们通常称作的'风'。这风，要么不刮，一刮就不得了，一刮就使大自然的千万种洞洞窟窿发出声来，难道你没听过大风呼啸怒号的声音吗？

　　"那深幽幽的山谷，就像个大洞洞；那千年老树，有百围之大，树干上坑坑洼洼的洞洞，有的像大鼻子，有的像歪嘴巴，有的像尖耳朵，有的像大梁上的方孔，有的像杯圈，有的像石臼，有的像深池，有的像浅坑。大风一吹，从这些洞洞窟窿中所发出的声音，形形色色、奇奇怪怪，激烈如海水澎湃，尖利如箭头呼啸，有的像斥人的骂声，有的像急促的呼吸声，有的像呼救的嘶喊声，有的像嚎啕的哭声，有的像哈哈的笑声；有的呢，幽幽深深，如峡谷里的怪声，有的呢，哀哀切切，似哭丧妇的哽咽声，总之，一窍一响，万窍呼应，小风则小奏，大风则大奏，此起彼应，煞是好听，如同王宫里的乐队在哒嘀嘀哒嘀嘀地齐鸣齐奏。甚至大风过后，你仔细谛听，山林草木仍在摇摇摆摆地发出窸窸窣窣的声音呢。"

　　颜成子游当下恍然大悟，抢着说：

"小子现在是明白了。所谓'地籁',就是大自然的洞洞窟窿、坑坑洼洼、木窍土洞所发出的声音;而'人籁'呢,您不说我也知道,就是人用竹笛竹管所吹出的声音。请问先生,那么'天籁'究竟是什么呢?"

南郭子綦哈哈大笑,解释说:

"天籁?你还不知道?这样看来,你有三分小聪明,却有七分大糊涂啊!要知道,人籁、地籁归根结底也是一种天生的状态。天籁难道是独立的吗?天籁其实就是人籁、地籁的统称罢了。是谁使自然界的各种洞洞窍窍发出声音呢?难道洞洞窍窍自己会发出声音吗?还不是天地之际的'风'吗?这难道还不就是'天籁'吗?哈哈,你是聪明一时糊涂一世啊!"

(6) 列御寇受惊

有一天,列御寇打点了一下行装,准备去齐国。吃罢早餐,他精神抖擞地上道了。才赶了几里路,远远地还没有到达齐国的境内,列御寇突然改变主意,也不知道为了什么缘故,他急急忙忙地扭头跑了回来。因为低垂着脑袋只顾一味走路,跑得太慌乱,所以半道上竟然撞在一个白发如雪的老翁的身上。幸亏老翁的脚劲还强,因此尽管给列御寇莫明其妙地撞了一下,撞得像不倒翁似的摇晃了两下,还是勉强平衡地站住了。

列御寇定神一看,啊呀,原来这白发老翁不是别人,正是整日谆谆教诲自己的先生伯昏瞀人,真是大水冲了龙王庙,学生撞了老先生,自家人全搅在一块了。

列御寇赶紧连连弯腰作揖,惶恐地说:

"死罪,死罪。小子瞎了眼珠,可撞坏了先生?"

先生瞧了瞧弟子的神情,见他慌里慌张的,像是从战场上刚吃了败仗,丢盔弃甲逃回来一般,就奇怪地发问:

"咦,你清晨忙忙碌碌了一阵子,不是说要上齐国去吗?怎么才一会儿，就莽里莽撞地跑回来了呢？"

"唉唉，我方才猛吃了一惊。"列御寇昏头昏脑，有点答非所问。

伯昏瞀人也吃了一惊，急忙问道：

"怎么，你碰见什么了？瞧！脸色都吓得发白了，撞见强盗了，还是碰见老虎了？"

"不，不，老虎，强盗，我倒也未必这样怕。"列御寇恰似醉后大醒一般，有气无力地说："是这样的：今天天气很热，我早晨走了几里路，觉得嗓子眼渴了，就在一个小镇上停了下来想弄点水喝。不料这儿开着十爿水浆店，一见我来，即刻有五家店主如同熟人似的殷勤地拥上来，要先送我水浆喝。"

"这是好事嘛，那你吃惊什么呢？"伯昏瞀人更加奇怪了。

"唉唉，我吃惊的正是这个呀！当时，水浆店前正蜂拥着许多人，有男的、女的、老的、少的，等着要买水浆。可说是生意兴隆、应接不暇。但是我一进镇，几家店主像见了神明似的，老远就拥上来，把水浆敬给我喝。我和店主素昧平生，从不相识，为什么他们会对我这样呢？我想了想觉得：像我们这一流学道之士，因为肚子里装了些学问文章，平时不知不觉之间就会晃里晃荡地涌上脸来，且不说常常自命不凡、目空一切，就是走起路来，往往也是昂首阔步、头扬天外，外表上总是非常矜持，眉宇之间总要露出一股庄严之气，显得与众不同、鹤立鸡群，使得那些市廛乡村的老百姓见了总有些害怕、恐惧，感到'与其怠慢不如恭敬'，于是趋炎附势地拥了过来。

"我自己呢，内囊里也正有这毛病，所以神采飞扬、高视阔步地走到镇上时，浆店主人一见之下，惊心动魄，匆忙间抛下门前许多在烈日炎炎下等候多时想要买浆喝的老人，先冲上前来奉承我。这，他们自然也比较差劲些，因为'拍马急于敬老'了。不过，这一切都是我自己造成的，能怪谁呢？我恐怕照此下去会惹出乱子呢。"

列御寇滔滔不绝地说完这番话，头上已是满脸大汗了，不知是热的缘故呢，还是怕的原因。

"出乱子？这会出什么乱子？"伯昏瞀人越发搞不清楚了，他觉得他的弟子今天出外一次像是遭了梦魇丢了魂，所以语无伦次说怪话，看情形最好给他扬幡招一下魂才好哩。

列御寇用手在淌满汗珠的额头上抹了一把，随后朝后一洒，真是挥汗如雨呀，地上一棵小草，原先干瘪瘪的死样活气，如今刹那间叨光了这阵"及时雨"，也竟然水灵灵地神气起来了。

列御寇擦汗之后喘了口气，向伯昏瞀人解释道：

"先生，您替我想想：那卖浆之家只不过是小本经营，没多大的钱财，他们将本求利是极其微薄的，因而在世上所起的作用是不足道的。可就是这些无足轻重的俗人，一见我的神采，他们就要三脚两步赶过来巴结我、奉承我；那么，不言而喻，倘如那些万乘之国的国主见了我的风度，不就要死乞白赖地硬拖住我做官吗？一做官，我就脱不开身，日夜为他的国家效劳，我的清明的智慧就将消耗在他的无穷无尽的国事之中。况且，国主求贤的时候，一定是屈身俯就，彬彬有礼，但一旦颁给我官职之后，则循名责实，铁面无情，国主将要严格地考查我的政绩了。因为政令如山，一丝也疏忽不得呀！当然，文治武力、出将入相，我未必不会干他个几下子，但我的宗旨是明哲保身、与世无争，想做一个闲云野鹤的隐士，不愿意绑在一些官事身上。所以，当我发现一些别人崇仰、巴结我的苗子时，我仔细想想，不禁毛骨悚然，感到大吃一惊了。所以当时我连水浆都顾不上喝，就没命地逃了回来。"

听完这话，伯昏瞀人哈哈大笑，用手点了点自己学生的脑袋说：

"好的，好的。这样看来，你是小处糊涂，大处精明。不错，一个人能够深深地明白自己的短处，那么这就是一个人的可贵的长处了。不过，你今后是得好好地改一改，应该韬光养晦，不必锋芒毕露。有时候，大智是若愚的，而大愚呢，反倒像智了。这就叫做'聪明反被聪明误'。一个人有本领，不必尽堆在脸上，可以默默地藏在肚里。常言说'胸有城府'就是这么个意思。你想想，咱们每一个人充其量能有多少可以发挥的精神？是不多的！倘如一个人把他有限的精神光使用在风度举止上，平日里总是矫揉造作、装腔作势，那么用不了多久，他的内囊一定会空虚起来，变得外表锦绣腹内草莽了。人一旦到了这种地步，可说是无聊得很了。再说，你不是一意要做个无牵无挂的隐士吗？那么更得改一改，要'大巧若拙'，浑浑沌沌。否则的话，像老鹰叼小鸡似地迟早给哪个国君撞见抓去做官才了事呢。"

"是的，是的，先生的话深刻极了。老子说：'和其光，同其尘。'意思是说要遮蔽自己的光芒，把自己和尘世的老百姓混同起来，千万不要露头角。先生，这话是不是这样讲呢？"列御寇这时又露了点小聪明，好像在向他先生显示：你瞧瞧，我的脑袋怪机灵的。你讲得妙，我也领会得快！

"不错，话是不错的。不过，世上的事大抵是说说容易做起来烦难，所以主要的是在'行'而不在'言'。好了，好了，站着说了半日，我的腿脖子都发酸了，加上刚才给你猛地一撞，我的胸口现在还闷得厉害呢。走吧，咱们回家去再唠叨吧。"

说毕，列御寇挽着伯昏瞀人一摇一晃地往回走了。夏日的太阳是很旺的，他俩在身后所抛下的两个影子慢慢地蠕动着，看上去歪歪扭扭，又长又细，很是滑稽。

十、庄子与惠施的论辩：鱼儿乐否

惠施是战国时期的一位哲学家。据说，他学富五车，见多识广。庄子与惠施熟悉，关系亦非一般。他俩因彼此意气相投而成朋友，又因互相辩驳诘难而成对手。

一天，庄子和惠施漫步出游，来到了安徽凤阳境内的一条濠水边。两人走在桥上，倚栏观赏，只见煦风吹来，碧波荡漾，一条条银灰色的白鱼在水中摇头摆尾，鼓鳃吐泡，显得很是快活。

庄子看了，不禁若有所思，似乎一刹那间想起了天地万物、宇宙人生，便对好友感慨道：

"你瞧，鱼儿们成群结队，悠悠嬉戏，游得是那样的从容、那样的逍遥，快活之中忘记了天地，天地之间任它们快活，哪像咱们做人的整天忙忙碌碌。咳，这个模样，真可说是鱼儿世界的一种了不得的快乐了。"

身临其境，历历在目，惠施未必没有同感，只是他们彼此极喜欢辩论，所以他当时眯着眼睛，故意反问道：

"你又不是鱼，怎么竟会了解鱼的快乐？"

"是的，不过，你惠施老兄也不是我庄周老弟，你又怎么一定知道我不了解鱼的快乐呢？"庄子针锋相对、以牙还牙地说。

惠施转了两圈眼珠，摆出副中庸的模样说：

"讲得好，讲得好！我不是你，当然不了解你，可你也不是鱼呀，你当然也就不了解鱼的快乐。这不是明摆着的吗？"

庄子听完，仰天哈哈大笑，指着对方讲道：

"你老兄尽管口如悬河、舌底翻澜，但已经说漏嘴了。刚才这话，你不过是舍本求末，转移论点，强词夺理罢了。现在让我们回复到先前争论的要点上来，条分缕析一下便可明白了。

"你一开头说'你又不是鱼，你怎么竟会了解鱼的快乐？'照这样说来，你惠施老兄虽然不是我庄周老弟，但却能明明白白地了解我庄周不是条鱼，所以，从而断定我庄周对于鱼的快乐是无知的，可见天地之间甲要了解乙，正不必甲本身是乙才能了解乙，正像惠施不是庄周却能了解庄周一样。可是转眼之间，你又出尔反尔，自打自的巴掌，竟然矢口否认道：'我不是你，当然不了解你。'这不是十足的大矛盾吗？

"总之，你不是我，却能了解我，因为人们有脑袋，能思想，能以此知彼、触类旁通、举一反三地了解、认识熟悉其他事物，所以我虽然不是鱼，也能通过观察了解鱼的快乐，而不必跳入濠水之中变成鱼儿之后才能做到这一点。"

惠施噤若寒蝉，没话说了。两人默默地思索着，在桥上河边又漫步徜徉起来了。

十一、庄子与惠施的论辩：无情之情

庄子与惠施彼此是朋友，平日里常相过从往来，日子一长，惠施发现庄子非但不热衷于富贵，而且对于世上的一切都看得很淡泊，无论是坐是行，在他庄子身上总有一股静穆清明之气，似一圈神秘的光轮，笼罩在他的周围，使人见了，总觉得俨然不可侵犯。

不过，这模样，庄严则庄严矣，然而到头来总令人感到望而生畏，不能热乎乎亲近亲近。

有一天，惠施借机向庄子旁敲侧击地问道：

"我说，庄周老弟，这里有一个问题，就是：人难道是没有感情的吗?"

庄子含含糊糊地应道：

"是的，不错。"

惠施一听，心想：我是故意正话反说，没想到他不分青红皂白地竟说不错。好吧，我再来问问你，且看你错不错。于是惠施哑然失笑地说：

"俗话说：喜怒哀乐，人之常情。人如果没有感情，怎么能说是人呢？"

庄子含含糊糊地答道：

"道德滋润了我的外貌，天地养育了我的身体，你看我六尺之躯，堂堂一表，难道不算人倒算猴吗？"

惠施心里嘀咕：这也真有鬼，明明是我质问他，可咱俩谈来谈去，总弄得我处于下风，仿佛庄周天生便是我的克星一般。心里一紧张，嘴里就结结巴巴地说：

"算人是算人，不过，既是人，怎么就没有感情呢，莫非感情搁在哪儿被耗子偷去了吗？所以看上去就冷冰冰了吗？"

庄子不慌不忙地说：

"要知道，你说的感情两字并不是我之所谓的'感情'。这两者名称相同，内涵却大不一样啊！我所谓没有感情者是指人们不以暂时的得失好恶伤害自己的身体。如得意之时，不忘乎所以，免得喜孜孜的辗转反侧睡不成觉；失意生气之时，不勃然大怒、暴跳如雷，免得白白气坏了身体。这两种情形对身体都不利。老子讲：'祸兮，福之所倚；福兮，祸之所伏。'总之，对于世上一切都看得淡泊一点，那么无论如何都不会乐不可支或怒不可遏了。因为'大怒伤阴，大喜伤阳'，而阴阳平衡是保持身体健康的最重要的手段呀。所以我所谓没有感情者，是指心平气和地遵循着大自然的规律，而不以喜怒哀乐人为地使身体增加怒气和喜气！"

惠施摇着头说：

"此话差矣，没有喜怒哀乐，人的身体怎么活下去呢？"

庄子平静地说：

"道德滋润了你的外貌，天地养育了你的身体，就心平气和地活下去么！而你老兄呢，往往为了一些虚名，总想在大庭广众之中出风头，常常劳心费神，连走路的时候还靠着树木吟咏诗歌，弄得疲倦不堪，以致有一次坐着弹琴的时候，竟然当着宾客之面不由自主地呼噜呼噜打起瞌睡来了。哈，这多丢人，就像包子露馅一样，露出你一副外强中干的面目来了。呜呼，天地赋予你堂堂六尺之躯，总没亏待你吧！可你呢，不懂得保养，以体恤上天好生之德，每每搞得疲疲沓沓，萎靡不振，还去学公孙龙的'白马非马'论那一套捞什子，真何苦来呢?"

十二、庄子与惠施的论辩：无用之用

　　庄子与惠施是朋友，然而不见面倒也罢了，一见面就仿佛公鸡打架一般，彼此缠在一起利嘴尖舌地互相攻击一番。可是不知怎么搞的，虽然每次总是惠施发难，首先进攻，但庄子却有时虚晃一枪，引军佯退；有时当头一棒，乘势猛攻。总之，三下五去二，几个回合交手下来，老是庄子占了上风。而惠施呢，总以哑口无言挂出免战牌才告终。

　　输是常输的，但好斗的禀性也是难改的。

　　有一天，惠施遇见庄子，口舌间滑溜溜的又觉得有点技痒，所以他开门见山地向庄子挑衅——以往惠施都不作正面攻击，往往采取迂回包抄、旁敲侧击的方法，然而遗憾的是不奏效，故这次换了战略。

　　"庄周老弟，你那一套学说大言炎炎、汪洋闳肆，但可惜好听而不中用。不然的话，当今列国诸侯，皆以庄周之道料理朝政了。"

　　说完这话，惠施圆睁着眼睛，聚精会神注视着庄子，看他如何反应。

　　庄子打了个呵欠，似乎根本没在意，或者压根没注意到对方披胄上马当门挑战的气派，只是淡淡地说——那声音简直像半夜三更没有睡醒的人所发出的一般含糊。

"没用？没用也好。一个人只有深深地了解'无用'，那么才可同这个人讨论什么叫'有用'。你看苍茫大地，无边无际，然而人只有两只脚，在这辽阔的大地上横站竖立，最多只能占用两只脚掌大小的地方——当然，假如你撒赖在地上打滚，自然可多占一些地方，不过，那是泼皮，且作别论，这里不谈。

"这样看来，无论是公子王孙、天潢贵胄，还是庶民百姓、仆斯乞丐，凡是人，在一定的时间内，无论何处，都只能占据两足之地。那么，是否可以这样认为，既然人仅占两足之地，除了踏脚的地方，旁边的土地，反正一时派不了用处，干脆就掘掉它，掘到黄泉，像深渊一样险峻，那么，我再问问你，这个人如临深渊，战战兢兢，还能动吗？还有什么用吗？"

惠施白了白眼睛，想一想，照直说："无用！"

这当口，惠施已不知不觉地进入了庄子的埋伏圈，如今对方准备关起门来聚歼之。

庄子双手一摊，总结说：

"是啊，这个人之所以'无用'，是因为他没有余地可动弹了。如果这个人现在要动弹，刚才看似'无用'的地方一下子又变得'有用'了。如此说来，'无用'转化为'有用'的道理不是很明白了吗？——正像你出门的时候，屋子闲空着不住人，别人因它暂时'无用'而把屋顶扒了，你说行吗？要知道，现在的'无用'将来保不定'有用'，而如今的'有用'以后亦可能化为'无用'。

"再说'有用'就一定好，'无用'就一定坏吗？林中的树木以其良材'有用'而遭人砍伐，山中的老虎以其皮毛'有用'而遭人捕杀，世上的聪明人呢，以其出类拔萃、才华'有用'而被君王相中招在手下干活，勤

劳国事，身心交瘁。然而哪天触怒龙颜，一声令下，就给刀斧手架出南门稀里糊涂砍了头。呜呼！世人皆知'有用之用'，若非大哲，又岂能知'无用之用'呢?"

十三、庄子访惠施

听说好友惠施做了梁国的国相，庄子决定去他那里拜访一下。这，倒也并不是贪图去瞧瞧好友堂皇的相府，做官的排场，以及尝尝丰盛的酒筵，或者打秋风，借几个钱花花，不是的；庄子其人，是两袖清风、目空一切的，他虽然什么也没有，但什么也瞧不上。当初，楚国的国主楚威王闻其大名，很是仰慕，派人带了礼物来请他做楚国的国相，但庄子竟不屑一顾，断然谢绝。

如今，庄子愿意上惠施那儿玩玩，一来彼此是好友，多日不见，理应碰头叙谈叙谈；二来是惠施这人博学多才，读书五车，虽然平日里还有些夸夸其谈、华而不实的毛病，但倘如要讨论讨论问题，切磋切磋学问，他还不失为一个很好的对象。

这样，庄子就飘然往梁国来了。

然而，人未到达，消息已像四溢的河水，很快地漫延开来，灌进了梁国。梁国人又惊又喜，议论纷纷，竟闹得满城风雨、家喻户晓。有些喜欢拍马的谄谀之徒，乘机溜进相府，把这消息作为见面礼，献给惠施道：

"咳，来了，庄子来了，庄老夫子上俺们这里来了。他来干吗呢？十不离九是眼红俺们梁国的相位，恐怕是要取您而代之哪！"

"前些时候，他不是在濮水边学姜太公钓鱼吗？"另一个阴阳怪气地说，"他如今大概要换换口味，扔掉鱼竿捧相印吧！哈，这才是真正的'身在江海之上，心居乎魏阙之下'了。"

说的耸人听闻，听的也就战战兢兢。惠施心想：不错，庄周生平不喜游富贵之门，如今怎么一下子爽爽快快地说来就来呢，哼，是的，"醉翁之意不在酒"呀。外表是探望朋友，内囊是捞取官位，一箭双雕，真是个好计算！况且以庄周这样的道德风貌、文章学问，来咱梁国招摇一下的话，咱梁惠王还不给他弄得如醉如痴、神魂颠倒？而且令人不胜遗憾的是：梁国的相位只有一个，倘如你争我夺的，最后，还不眼睁睁地让庄周抢了去。

庄子的人格风度是令人敬佩的，庄子的妙言清淡是富有魅力的，而且朋友的情谊也是相当重要的，但是说到底，无论如何总抵不过一个权势熏天、炙手可热的相位呀！于是乎惠施决定先发制人，他赫然下令，派几支人马在国内大肆搜索一下，免得让庄子捷足先登，先偷偷溜去朝拜梁惠王，一见之下，情投意合，便得了相位。

据说，这场搜索，兴师动众的，竟然持续了三天三夜，闹得鸡飞狗跳。简直把整个梁国搅成沸沸扬扬的一锅粥。

然而庄子这人也真有点神不知鬼不觉的，找他找不到，请他请不动，突然之间，他飘飘然然地已出现在相府的朱门外了，仿佛是自天而降。惠施一听，整了整衣服，慌忙迎了出去，嘴里一边还嘀咕道：

"嗨，庄周这人变幻莫测的，真像一条出神入化的龙，可是鄙人却是'叶公好龙'，虽爱其人，却不希望他来呀！"

庄子气宇轩昂、旁若无人地走了进来。一见衣冠楚楚的惠施，便放怀

哈哈大笑道：

"'士别三日，当刮目相看。'咱俩阔别了三个多月，可你老兄怎么一点儿也没长进呀！南方有一种鸟，名字就叫鹓鶵，是凤凰一类的神鸟，你知道不知道？这鹓鶵，从南海出发飞往北海去，一路上，不是参天的梧桐大树，就不肯憩息；不是稀奇少有的竹实，就不想吃；不是味如甜酒的泉水，就不愿喝，可是半道上遇见一只猫头鹰，它秃头秃脑的，不知打哪儿弄到一只腐烂的死老鼠，正蹲在棵枯树顶上狼吞虎咽、拼命嚼食，那津津有味的模样，仿佛倒是吃一只肥嫩的小鸡。

"这当口，鹓鶵正从天上飞过。猫头鹰抬头恰巧瞧见，就惶惶然地以为鹓鶵要扑下来抢它的死老鼠了，于是急忙露出副怒目瞪眼的样儿，撮起尖嘴朝上大叫一声：'嘘！'想吓吓鹓鶵，免得让它抢条鼠腿去。"

"凤凰如要吃这腐烂的老鼠，"庄子顿了顿，眉毛陡地一扬，又说道，"那麒麟恐怕要吞发霉的蟑螂了。没料到你老兄刚搂住了官位，就要对我大嘘一声。想一想吧，这好意思吗？"

惠施在一旁唯唯诺诺，连连作揖，表示不胜歉意，一边又暗暗想道：唉，以小人之心度君子之腹，这下可是大大地自讨没趣了。

十四、庄子妻死

　　庄子的妻子死了，惠施一听到这噩耗，就急忙赶去吊丧。他一边走一边在肚里思量：庄周平日虽然见识超人、心胸开阔，可这次妻子死了，不知他神态如何、感觉怎样。总之，是身临其事，滋味就很不好受喽。倘如他一味陶醉在死者灵前，捶胸顿足，作哀哀妇人哭丧状，那庄周也决非是个仙风道骨的铮铮豪杰，而仅仅是个凡胎肉眼的村夫俗子罢了。所谓"灵不灵，当场试"，这等时刻，是最能窥见一个人的真情的。不过——惠施这时搔了搔头皮，继续想道：庄周夫妇之间的感情平时是很好的，是极缱绻绸缪的。"窈窕淑女，君子好逑"，如今淑女长逝、君子独存，一下子生离死别、音容永隔，漫漫长夜，天上人间，能不悲伤吗？所以，嚎啕大哭纵然不大可能，躲在家里独自呜咽啜泣，那是一定的了，决计差不离！

　　惠施边想边走，等到转了三圈脑子，已打了一部堂而皇之劝慰庄周的腹稿。他是深知庄周的为人：庄周不仅才气横溢、妙思连天，而且感情如大海波涛、汹涌万状，也是极为丰富的。假如庄周一时糊涂，以为下泪如

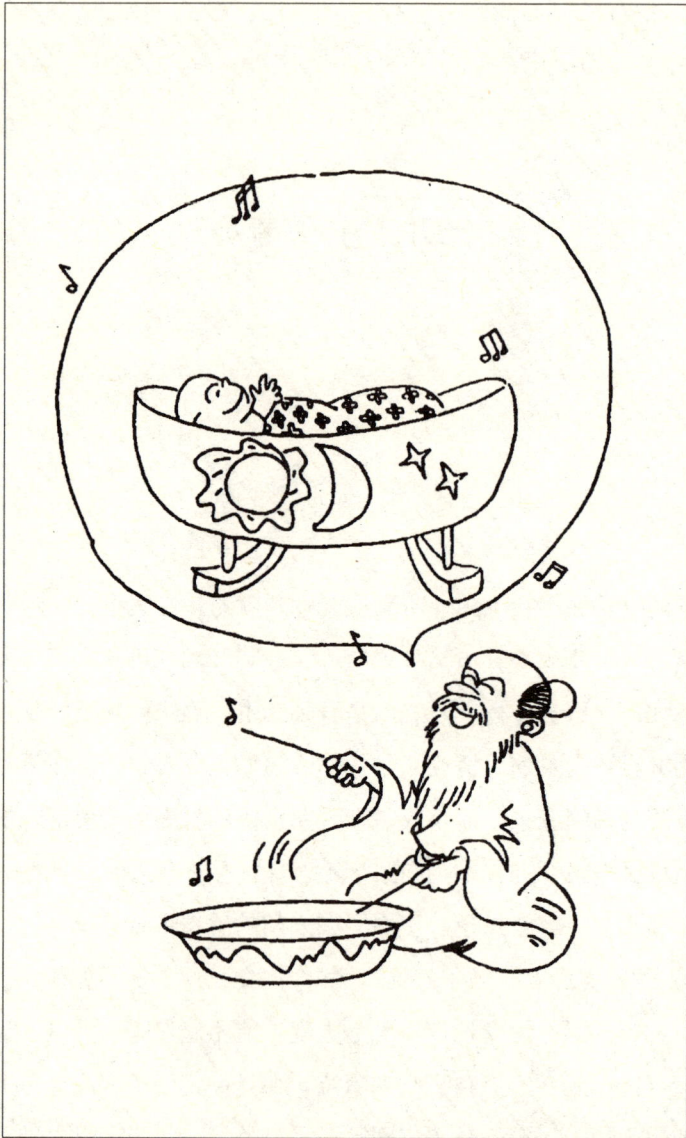

同作文，也一定要汪洋恣肆、滔滔不绝，那可要淹没天下、人为鱼鳖了。哈哈，不会的、不会的。惠施暗自笑了，他是自我嘲笑刚才这样怪怪的念头。总之，惠施决定去好好慰问庄周一番，劝他忍痛节哀，不必过于悲伤，免得伤了身子，以致坏了一腔道家多年修炼的清明纯朴的婴儿之气。

惠施兴冲冲地走着，才赶到庄子家门的左近，就突然听见里面传出了一阵歌声，这歌声婉转悠扬、慷慨激昂，如果细细聆听，真是动人心弦呐！并且难得而又奇妙的是：随着歌唱，里面还送出一些叮咚叮咚的乐器伴奏声，清清泠泠，悦人耳膜。看来庄子的屋里很是热闹，倒好像是在办什么喜事，因而大大地欢庆一番。莫非是自己的耳朵出了毛病？惠施的心里很纳闷，仿佛一下子坠入五里雾之中，有点摸不着头脑。他三脚两步走进去一看，嘿，真感到大吃一惊、目瞪口呆。

原来正是庄子在屋里引吭欢唱哩！他蹲在地上，岔开双腿，摆了个大八字；这个架式，洒脱得很，简直活像一个竹编的老式畚箕。只见他的面前还放了个大瓦盆，里面盛了好多醇酒，微微泛出一缕缕酒香，大抵庄子已喝了不少，脸色红红的，所以就不免"酒酣耳热歌呜呜"了。不过，唱唱歌，咋呼一下，为了遣遣愁倒也罢了，可是庄子手里拿着的那双竹筷，一边还不停地朝瓦盆上有节奏地敲着，叮咚叮咚的声音，就是从这玩意上传出的，远远听来，和王宫里乐师在玉磬上敲出的音调一般美妙。

惠施似乎一头撞进了一座迷魂阵，被眼前的景象弄得扑朔迷离、晕头转向。他定了定神，仔细一看，真的，庄子又敲又唱，乐呼呼的，一边还冲着自己诡秘地笑哩。刹时间，惠施觉得自己如同是一个毛孩子，正在被庄子随便耍弄哄笑呢。肚里不免有几分怨酸，并且还夹杂着一股不平之气，所以惠施即刻沉下脸来，向庄子劈头喝道：

"啊呀呀，你这个人！老婆死了，怎么一点也不悲伤？她不仅和你一起生活了几十年，而且又替你抚养子女一直到老，辛辛苦苦，贤贤惠惠。如今你老婆一下子死了，呜呼哀哉！你不掬一把悲伤之泪倒也罢了，算你铁心肝，算你硬肚肠，可是，可是你又是唱曲又是敲盆，好像洞房花烛之夜正要同老婆成亲一样高兴。哼，最恼人的是咧着嘴巴还要朝我扮鬼脸。老天爷，真是的，你这算耍的什么鬼把戏。"

"鬼把戏？"庄子笑了笑，从地上站起身来，左手摸着下巴颏儿，慢条斯理地回道："哈哈，老兄眼孔不大，拿道家风度当作鬼把戏，真所谓见骆驼而嚷马背肿了。常言说，'人非草木，孰能无情？'当初我一听到妻子死了，真如屋顶塌下了一个角，何尝不感到伤心揪肺、悲痛欲绝呢？"这时，庄子的脸渐渐庄严起来了，"想一想，在如此寂寞的人生路上，她与我搭了几十年的伴儿，如影随形，朝夕不离，而今一下子舍我独走，命归黄泉，我能不悲伤吗？当时，我不禁觉得心肝裂肠子断，头昏昏而泪汪汪了。然而偶尔抬头望望，天，还是这样苍茫的天；地，还是这样玄黄的地。皇天后地，一如既往，何尝为人间的生生死死而哀喜变色呢?！啊，我明白了，我懂得了。

"我想起了我们人类的前身，想起了盘古开天辟地之前，茫茫宇宙，何尝有人？没有，宇宙间本来是没有生命的，岂但没有生命，而且也根本没有生命的形状。极言之，不仅没有生命的形状，而且压根儿连产生生命的条件都不具备。那时，宇宙之间，浑浑沌沌，沧海桑田，潜移默化，物质在运动，天地在变化，渐渐地形成了能够产生生命的环境，在这个环境之中后来诞生了生命，生命发展开去又逐渐形成了人类。是人就不能不死，死了就死了，死了就没有了吗？不是的！生既然生在宇宙之内，死还是死在宇宙之间，哪儿也去不成，这叫做'无所逃于天地之间'。人们一死之后，尸体腐烂，归于大地，归于尘埃物质，物质又在运动，组成了人类赖以生存的世界。总之，生命出于宇宙，又归于宇宙。人间的生生死死，循环往复，依我看来，不过像春夏秋冬四时更替罢了。

"我的妻子是死了，死了以后，无非是化为尘埃物质，纷纷扬扬地飘落在世界的物质之中，犹如小溪之水，流进江河，归于大海，简直又像个婴儿躺在宇宙这个大摇篮里，暂时悠闲地睡着了，可是，我倒去模仿一个不懂事的小孩，在旁边哇哇地哭着，这能算是通情达理的吗？这主要是对于天地间生命是怎样形成的不解呀！"

说到这里，庄子又蹲下身去，抱住瓦盆喝了口酒，说道：

"况且，你惠施老兄来的本意原是想劝我别伤心别哭，如今一见我高兴，反而妒嫉起来，倒要想催我落泪痛哭，这不是出尔反尔，有始无终吗？能说你是一个聪明人吗？"

"罢了，罢了。庄周之话，利于锋刃，我实在也找不出一把盾可来挡你两下。"惠施笑着坐了下来，说："好吧，那就唱吧，我陪你一起唱，唱个痛快，唱他个银河倒泻、天翻地覆！如何？"

庄子没答话，两人喝着酒唱了起来，一个是"啦啦啦……"，一个是"呜呜呜……"。声音浑厚而又清脆，似两条无形的苍龙，盘旋在空中，又消失在远方。

十五、庄子过惠施之墓

有一次，庄子的亲属死了，他去送葬。半道上看见一只大坟墩，坟前高高地耸起一块大墓碑，上面镌刻着这样几个大字：梁国故相惠施之墓。坟上青草萋萋、群鸟筑窝，而旁边的小白杨也快有胳膊那么粗细了。

随着送葬的人群行进在夕阳古道之中，周围弥漫着一片呜呜咽咽的气氛，所以庄子本来也没有什么好心绪，如今猛然间见到好友的坟墓，不禁触景生情，渐渐地有点悲伤起来。他的弟子见了觉得很是奇怪，就问道：

"夫子平日里旷达超脱、潇洒不拘，不是开通得很吗？不是认为死便是生、生便是死吗？在您夫子的煌煌大作《齐物论》里不是还说过：'我怎么能知道死去的人不后悔他当初的求生呢。'夫子的意思无非就是：活人也不一定比死人快活，死了也不比活着糟糕。现在偶然瞥见了坟堆，怎么倒一下子悲哀起来了呢？"

庄子缓缓摇了摇头，感伤地说道：

"这等滋味不是你们后生小子所能知道的。我先说个掌故，你们琢磨一下，就可悟觉其中的道理了。

　　"相传楚国的都城有个泥匠，手艺高超，干活的时候，常常穿着高领大袖的衣服，飘飘然地仰面涂墙而能够使衣服一点不弄脏，真所谓是'出乎污泥而不染'，想一想，这样妙的技艺一般人能行吗？

　　"有一天，泥匠在涂墙，他干得正欢，生龙活虎般地刷刷刷，瞧他的气派，仿佛是一位大笔淋漓的画师，一刹那间就涂好了一面墙。不料在涂墙角的时候，因用力过猛，一点泥浆飞溅开来，不偏不倚，恰巧落在泥匠的鼻端上。泥匠觉得鼻上痒痒的，虽然眼睛看不真切，但肚里明白鼻尖上是叨光一点泥浆了。然而手里拿着泥铲抹子，又不能去擦，而且手上也很脏，可是不擦么，鼻上又痒得难受肉麻，怎么办呢？泥匠好为难，正踌躇着，突然他瞧见一位石匠在那边弯腰干活，就灵机一动，高声叫道：

　　"'石匠老弟，你快过来，帮个忙！'

　　"'嗳，'石匠连手中的斧子都顾不上放下，就奔了过来，'什么事呀？'他问。

　　"'喏，鼻子上沾了点泥，请你替我擦一下，劳驾劳驾。'

　　"石匠仔细一看，果然，泥匠的鼻上溅了点泥浆，不过又小又薄，顶多像苍蝇翅膀那样大，而且已经快干了，牢牢地黏在鼻尖上，假如要擦的话，干巴巴的一下子或许还擦不干净。

　　"石匠想了想，说：'干脆，我用斧子替你劈去这泥点罢！'

　　"'你瞧着办吧。'泥匠听了，一点也不慌。他知道石匠的手段出神入化、精妙绝伦。拜托了他，那是极放心的，所以爽爽快快地答道。

　　"当时，泥匠闭着眼睛，垂着双手，站在那里纹丝不动，好像是在悠悠然闭目养神，小睡一下。石匠抡起石斧胸有成竹地挥舞起来，呼呼生风，然后又掂掇了一下距离，摆了个'百步穿杨'的架式，瞅准目标，嚓地一下，一斧劈去，正好把泥匠鼻上的一点泥巴统统削去，削得干干净净、一尘不染。而泥匠呢，那时不仅面不改色，连哆嗦都没打一下。他的

鼻尖上除了热得冒出颗汗珠外，皮都没擦破一点。

　　"四周看热闹的人已围了一大群，大家瞧得毛骨悚然，伸出长长的舌头像痉挛抽筋一般，竟然吃惊得麻麻木木缩不进去。

　　"泥匠笑着向大家解释：'舞斧削物，是我石匠老弟的绝技。不过，这还不算稀罕。有一次，我鼻上顶了颗黄豆，他一斧劈来，只削去一层薄薄的黄豆皮，连一点豆肉都没沾去，妙不妙？所以今天鼻尖上削泥，只是他的一件粗糙活儿，马马虎虎的，实在算不得什么。'

　　"后来，这个消息不翼而飞，四下里传了开来，一直传到宋国的宫廷里。当时，宋元王听了也非常惊讶，心想，世上竟然还有这样的妙技，百闻不如一见，能亲眼瞧瞧多好。于是宋元王赶紧派了个使者去找石匠，要把他召进宫来。

　　"然而石匠似乎隐居了，害得使者东奔西走找了好久，最后终于找着了。用车装着，把他送进宫去。宋元王见了，像得了件活宝，很是高兴，就问道：

　　"'听说你鼻上削泥的斧子功夫妙得了不得，现在是否可以当场为寡人表演一下？'

　　"石匠一听，脸上即刻涌出一片悲哀的神色，就像明朗的月亮突然蒙上了一片乌云，他低着头，讷讷地答道：

　　"'唔、唔，可以的。小臣确会耍弄一二下斧子。但是，可惜的是我的好朋友泥匠大哥已死了，所以，当今世上再也没人能做我的对手。'

　　"'那么，我随便找个人，鼻上沾点泥，让他来充当你的对手就难道不行吗？'宋元王有点奇怪地发问。

　　"石匠叹了口气，声音嘎哑地说：'唉唉，这是不能代替的，一般的人胆气不壮，休说斧子，就是使根棍子罢，倘如迎面朝他劈去，他能硬着头皮死顶住吗？不要说躲闪，他就是心里一慌略略颤抖一下，也保管被我的斧子劈去鼻子。

"我的朋友泥匠可不同了。他挺直身子，凝神屏息，一动不动，形同木雕，真可说是泰山崩于前而色不变，虎豹窜在后而心不慌。这样，我舞斧劈去，才能毫厘不差，完全奏效。现在的人谁还有泥匠这样的风度气概呢？然而泥匠不幸死了，我很悲伤，很悲伤呵！为了永远怀念我的这样一位好友、伙伴、对手，我早已把斧子扔到东海里去，再也不耍弄了。'"

庄子说到这里，似乎动了感情，眼圈微微泛红，仰脸长叹一声，用一种从未有过的悲哀凄婉的声调抑扬顿挫地说道：

"当初，楚国的钟子期一死，伯牙为了报答知音，把琴摔碎在南山上。后来，楚国的泥匠死了，石匠悲伤之下把斧子扔进了东海。唉，我呢，呜呼，自从惠施老兄撒手一死，茫茫人间，再也找不着一个能与之辩论一番的对手了。啊，从此以后，天涯海角，苍山碧水，我去找谁呢？唉，知己如同不系之舟，英魂已在冥冥之中，我不说了，不说了，我只能闭口无言作哑巴了。"

弟子们听了，胸口憋得慌，大家面面相觑，也感到说不出一句话来，只得姑且一起陪庄老夫子暂时作哑巴了。

十六、庄子弹鹊

　　有一年夏天，庄子独自一人出外游玩。半道上，他经过一个名叫雕陵的园子，望见里面长满了一棵棵茂盛的栗子树，浓阴蔽日，倒也凉快。而园外呢，却是炎阳如火，大地冒烟。庄子这时真是走得又累又热，脊梁上的汗珠成串地冒了出来且不说，连两个鼻孔也似老牛一般扑哧扑哧冒热气。原先走着走着，几乎还能抵挡一阵支撑住，现在一下子瞅见树阴儿，两个膝盖不禁软了下来。他想：近水楼台先得月，干脆我就在这园子的篱笆边叨光点树阴歇歇腿，乘乘凉。咳，人生辛苦，该凉快点就凉快点，反正我也不忙着赶路去替人家救火看病。

　　正想着，还来不及双腿一盘坐了下来。突然，看见一只形状古怪的大鹊子从南方铺天盖地地飞来。这鹊的翅膀足有七尺之宽，眼睛也又大又圆，足有一寸之方，可谓庞然大物了。不过，这鹊大则大矣，然而飞得很鲁莽，哗啦一下从庄子的脑门上擦过，飞进园内，停在一棵栗子树上。大概它也飞得热了，想站在树上凉快凉快，所以也就"慌不择路"，匆匆忙忙了。

庄子给这鹊猛然间擦了一下，几乎吓了一跳，心里很恼火，嘴里就自言自语地嘀咕道：

"这算什么鸟？翅膀这么大，飞得却不快；眼睛也不小，竟然撞着人。真是有眼无珠，莽撞的呆鸟！"

说着，庄子灵机一动，也顾不得热了，撩起衣服，蹑手蹑脚地走进园去，拿出把弹弓，细细的瞄了瞄，瞅准目标，想把这呆鸟弹下来。

就在这欲射不射的当口，突然，庄子在这棵树上瞥见了一幅奇妙的情景：

一个方头大脑的蝉儿，正伏在一根洒满树阴的枝头上傻气可掬地鸣叫，因为那儿影影绰绰的，晒不着火辣辣的阳光，很是清凉，真可说是树上一块"避暑胜地"了。所以这蝉儿也不怕暴露身子，呆在那儿独家争鸣，叫得正欢畅呢。不料，附近凑巧蹲着一只碧湛湛的螳螂，它虎视眈眈的，正旁顾四瞧，一听这叫声，知是蝉儿，因此借着一片树叶的掩护，张牙舞爪地扑杀过来。它并不是把对方撵出这块好地盘就算了，它是要"必得食肉而后快"哩。

这时节，螳螂只知道蝉儿的肉美美的，只图口福，利令智昏地哪儿顾得上近旁还有什么东西窥视着自己呢。再说那只鹊儿，停在树上休息了一会，正想找点东西充饥，才一溜眼就瞧见那只蠢蠢欲动的螳螂，于是伸长嘴巴要去啄它，一边也顾不得周围是否有人要捕自己了。

庄子躲在旁边，把这一番景象统统摄入眼帘之中，看得很真切，不禁有些毛骨悚然地说道：

"啊，螳螂捕蝉，鹊子在后。这样看来，世上的东西，彼此常常给对方带来麻烦和危险，而互相造成危险的东西往往又有互相利用的一面。见利忘危，我可不能不知不觉地陷入这种境地之中去呵！"

说罢，庄子扔掉弹弓，转身就走了。没料到刚走几步，后面就有人追

上来叫住他。原来是一个掌管园子的人，刚才见庄子鬼鬼祟祟地东张西望，就以为他躲在园内要偷东西，正准备去找根棍子来揍他，现在见庄子突然一下子要走了，所以就急忙跑过来责问他。

庄子一楞，感到很奇怪。问清缘故，也就把方才的情景一五一十地叙说了一遍。管园的人一听，哈哈大笑，便放庄子走了。

庄子出了园门，想想这事，心里疙疙瘩瘩的，觉得很是懊恼，所以一边也断然失去了原先兴致勃勃的游兴，垂头丧气地折道回家去了。回到家里，庄子如同生了一场大病似的，整天像庙里的泥菩萨一般呆呆地坐着，看上去一动不动，似乎在打瞌睡，又似乎在沉思。就这样，庄子足足有三个多月足不出户了。他的弟子蔺且见了很是奇怪，问庄子道：

"夫子，您近来已有很长时期没出门了，而且看来总有点悒悒不乐，这是什么缘故呢？"

庄子把先前在栗园里碰见的事情给弟子讲了一下，然后感叹地说：

"哎，人真苦于不知呵。平日闲时说说'知人者智，自知者明'的话，是较容易的，但一遇利和益，便往往会什么也不顾，得意忘形，忘乎所以了。栗园的情景，倘如在人世间推衍开来，我夫子还不眼巴巴地似螳螂一样给人叼了去，遭了暗算，不就完了吗？

"你看，夫子我自己已有了堂堂六尺之躯竟然不爱惜，存了非分之想倒要去弹那鹊子，可说是见鹊忘身了。只贪有利的一面，忘了危险的一方，这，如同是只知道浊水里有鱼可以混水摸一下而忘记了清水反可以整整容，益处更多。况且老聃先师以前不是说过这话吗？'到一个地方，应该遵守一个地方的法令。'而今我一游栗园就忘掉了这话，并且也忘掉了自己的身子。那时节，鹊子撞了我一下，恼火之中，我走进园去一心弹雀，完全忘记了'入境犯禁'的道理，所以怪不得那管园子的人一见之下便要以为我偷东西了。这真是一种无端而来的耻辱，虽是枉自飞临，不过也是事出有因呵！近来，我所以不出门，是想闭门思过，痛自反省呀！"

　　蔺且听了这席话，心里怅怅然很有触动，暗想：我们的夫子真了不起。这种鸡毛蒜皮的小事他都不漏过，能防微杜渐、小处见大。这样的道德风貌，可以说是遍历天下、无往不胜的了。真所谓是"以其不争，故天下莫能与之争"。

十七、庄子与弟子

    有一次，庄子和他的弟子一起出游，经过一座草木葱茏的大山，看见山里的一棵大树生得躯干粗壮、枝繁叶茂，简直就像一柄拔地盖天的大雨伞，在绿叶披离的树林之中，它挺然耸起，别有一番古古森森、莽莽苍苍的气象。行人路过，每每要对它左顾右瞧地观赏一下，甚而至于有人停下来，专门走近它，用手摩挲着它那斑斑似鱼鳞的树干，抬起头来特地瞻仰一阵子。

    山里有一大群工匠正在齐心合力地伐木。他们砍啊砍啊，干得很热乎，略略粗壮一点的树木，几乎都被砍倒在地，唯独对于近旁的那棵大树却熟视无睹，不屑一顾。仿佛那不是树木，只是沙漠中的一棵巨大的仙人掌，无所用之，派不了用场。

    庄子见了这情景，暗暗发笑，心想：人苦于不自知，真所谓是"能见千里之外而不能自见眉睫"，眼下明明竖着这样一棵参天大树不伐，而去伐较小的，就像放着大鱼不捕，倒劲头十足地去捞小虾鱼。这，能说是聪明人的行为吗？哈，真是天晓得！

"你们放着这棵大树不伐，莫非想留到夏天乘凉吗？"庄子的一个弟子走上前去，向伐木的人们问道。

"哈哈，这棵树大则大矣，不过，大而无用。"一位胡须花白、正弯腰干活的老工匠闻声站了起来，笑着答道。"为什么无用呢？因为这树的木质不好，内囊太劣。做成的器具，容易被虫蛀蚁咬，发霉受潮，所谓'朽木者不可雕也'。我们伐木的老手是看不上眼的。假如它是棵有用之材，在我们之前，也早有人抢先把它砍去了，也留不到今日了。"

庄子听了，又把那棵大树端详了一番，才感叹道：

"哦，原来如此！真正是'外表文秀、腹内草莽'呵！不过，这棵大树能自由自在地长了几百年，享了偌大的寿数，乃是因为它不材的缘故呀！"

从这山林里走出来时，天色已渐渐地暗了。举目眺望，远处青山脚下横着几间草黄的茅屋，在暮霭弥漫之中袅起了几缕灰淡的炊烟。这茅屋的主人是庄子的朋友，一见庄子一行突然光临，心里真是喜出望外，即刻吩咐家中人杀鹅烧菜，准备好好款待款待他们。宾主正谈笑间，一个束发小童来向主人请示道：

"咱家棚里有两只鹅，一只能呱呱地叫唤，另一只却是哑巴，从未听见它叫过一声，不知先让我杀哪一只？"

"先把那只哑巴鹅宰了，不会叫，傻乎乎的，养着也没用。"主人想了想，就这样关照道。

第二天清晨，庄子他们谢过主人，就早早地出发赶路了。途中，弟子们似乎想起了什么，就对他们的先生说：

"世上的东西，纷纷扰扰，真是奥妙无穷呵！昨天山里的那棵大树，粗粗一看，却是亭亭玉立、堂堂一表，但木质低劣，所以工匠们不派它的用场。这样，那棵大树正以不材的原因，活了几百年。而昨晚上我们吃的

那只哑巴鹅呢，却正以不材的原因被主人瞧不上眼，一刀宰杀，烧成鹅块，让我们美美地打了顿牙祭。这样看来，同是不材，却一则是生，一则是死，得到的下场竟有天壤之别。这是什么道理呢？真使人左右为难。先生，如果由你来对付这尴尬的事情，你将怎样来应付呢？"

庄子一听，哑然失笑，说：

"哈哈，你们倒也有些鬼机灵，竟偷偷摸摸地思索起这等事情来了。那么，如何对付这种事情呢？首先，先生我将立身于材和不材之间。因为世上的东西不是绝对的，'材'不一定全好，如成材的树木要先受砍。'不材'不一定全坏，如不材之木能享大寿。可见这没有一定之规，需要随机应变。不过，所谓立身于'材与不材之间'，说说容易，做做也难，而且就是能做到的话，也未能全部摆脱一种累赘。因为立身于'材与不材之间'，任你朝哪一方面发展下去，都将成为'材与不材'，都有一种弊病。"

"那么，究竟怎样才好呢？"弟子们仿佛被先生引进了一座迷宫，东撞西窜，苦于找不出一个头绪。

这时，庄子的目光猛地一亮，继续讲道：

"至于能掌握咱们道家的学说，而立身于世界的话，那事情就大大的不一样了，就能超然于这些弊病之上了。为什么呢？因为我高瞻远瞩，看得透彻，我既无需你夸奖也不理你毁谤，我不是好树也不是哑鹅，我仿佛像这样东西又仿佛不像这样东西，我升腾似龙屈蛰如蛇，观察世上的变化而变化：你变我也变，你不变我已变，等你变了我再变——就像主人要杀鹅的时候，我成为呱呱之鹅，免杀；而工匠伐树的时候，我又成为不材之树，免砍。——总之，无论如何，我决不死板板地成为某一个固定的东西，如呱呱之鹅、不材之树。因为这些东西也有弊病，只能在一定的环境中和一定的时间内幸免于灾。呱呱之鹅，虽然会叫，但毕竟不是鹦鹉八哥鸟，迟早一宰了事，而不材之树呢，虽不能做器具，但这么大的个头，砍下来当柴烧也是好的。所以我决不死板板地成为某一个固定的东西。要知道，抱残守阙，不能变化，最终就将陷入自己的对立面呵！因此，我永远像龙又像蛇，环境变我也变，我独自逍遥于万物之上，任你什么东西也不能成为我的累赘。哈，这就是我道家之祖神农黄帝的看家本事了。

"至于人世间的万事万物、芸芸众生则就不一样了。他们各自局限于一方，都有弊病。譬如，有团聚的就有分离；有成功的便有毁败；有棱角的容易遭受磨损；尊贵一点的容易遭物议；想有一些作为的未免不遇到挫折；圣贤一些的会遭到算计；无能一些罢，又要受欺凌；他们何尝能保持原先的一种状态而不受到侵害呢！啊，可悲呀，大自然的法则似铁一般，任谁也不宽容。顺之者昌，逆之则亡。生死存亡，千钧一发，呼吸之间已是瞬息万变了。弟子们，你们好好地给我记住，倘要全身保性，超脱利害，那么唯有以咱们道家的'道德'为归宿，舍此则莫由了。"

十八、庄子将死

　　庄子老了，他白发鬓鬓的，连下巴颏上的一把胡须也像蒙上了冬天的雪霜，白得惊人；他那两颗目空天下的眸子也不再炯炯有神、锋芒四溢，而变得有些呆滞枯涩，黯然无光。总之，他的整个道家精神已失去了往日的矍铄，什么都麻麻木木、敷敷衍衍，甚而至于足不出户，连日常的饮食起居都懒得动弹。真的，庄子是垂垂老矣了，如同一片枯黄打皱的叶子，抖抖索索的，正要从生命之树上凋落下来了。

　　庄子自己也明白他将不久于人世了。有一段时间，庄子总是默默地坐着，抬头看看浩邈深邃的碧空，真是虎老雄心在呵，他大概又在神驰宇宙、魂游六合，又在作那波澜壮阔，瑰奇万状的玄思了。想呵、想呵，庄子有时真想无端地大叫一声，遗世独立，羽化登仙，让真的"自我"随着勃勃的精神一起飞出躯壳，在光焰灿烂的思维升腾之中，像星星一般，遨游在高深莫测、无边无际的天间，获得超脱人世的久久的永生……然而说也可怜，就是这样坐着想想，庄子也不能耐久，过不了一会儿，他就似乎

精疲力尽地躺到床间去休息，而后来，渐渐地发展到再也不想起身的地步。

看来，庄子即刻就将熄灭他那曾经产生过多少五彩缤纷的哲学思想的生命火花，似一根风前的残烛，在自然规律的大风的摇曳之中，快要油干火灭，静静地离开人世了。

庄子的弟子们聚在一起，看见当年谈笑风生、挥洒自如的庄老夫子在弥留之间，竟也同常人一般，变得萎萎缩缩，形同枯木，心里都感到很悲伤，不好受。大家默默地想着：曾经辛勤地教诲过他们的先生，眼看就要死了，就要抛别人间，离开他们了，怎么办呢？他们自己又没有回天之力，来挽留垂死的先生，恢复他的活力，彼此永远厮守在一起，让先生那广博雄健的头脑，永远无穷无尽地放射出绚烂的思想光芒……

虽然好几年前，庄子讲学时，曾说过有一种"神人"，大火烧着不怕热，河水结冰不觉冷，肌肤如冰雪，娇媚像少女，并且能"不食五谷，吸风饮露"，甚至能"乘云气，御飞龙，骑日月，游乎四海之外"。可想而知，这样的神人还有什么生生死死，他们是永恒的。然而上哪儿去找神人呢？或许天地间压根儿还没有产生这样奇妙的神人，恐怕仅仅是庄老夫子理想中的孤芳自赏的产物罢了……

大家眼巴巴地望着空中，心里大半是一片茫茫然，突然，只听见一个弟子自言自语地嘀咕着：

"唉，人生一场，总有一死，连我们的夫子都免不了。不过，真不知道，死后的情景美不美，是否抵得上活着的时节，否则的话，生便是死，死便是生，'方生方死，方死方生'，我们倒也不在乎了。"

众弟子谁也没有死过，所以没有这方面的经验，无从谈起，无可奉告，彼此只瞧了瞧，默默地都没答上口来。

"依我看来，死后的景况是不错的，倘如一死之后便要受苦，那么以往的死人不都要慌里慌张地逃回来了吗？大家可瞧见过又活转来的死人吗？没有！可以想象：死人们一死不回，乐而忘返，所以死后的情景肯定是极美的。"一个胖胖的弟子想了好久，才振振有词地道出了他的看法。

"未必然，未必然，"另一个弟子接口说，"照你这说法，死胜于生，那么人们一死之后，守住死地，恐怕谁也不肯投生了。可是俺们这个世上，何以每天有这么许多娃娃生出来呢？"

"可是你又想过没有，为什么娃娃出世，一坠地，就哇哇大哭呢？可见他的'生'，也是很不得意的呀！"胖弟子立即反唇相讥道。

"罢了、罢了，现在还不是争论这事的当口。"一位年长的弟子出来维护局面道，"空谈不如实干。我们现今最好筹备一下后事，未雨绸缪，如买个棺材，以及陪葬用的珍珠玉璧，免得先生临终之时咱们慌了手脚。"

众弟子听了，一致表示赞同，于是纷纷地各自着手去干了。

可是不知怎的一来，竟走漏了风声。躺在床上已显得迷迷糊糊的庄子突然得知了这事，就把众弟子召集到他的卧榻之侧，细声细气地说：

"唉、唉，你们怎么搞的，弄了那些捞什子究竟要干什么呢？"

"唔、唔，弟子们备了这些微薄的东西，无非是以待夫子百年之后也能好好相送相送，聊表寸心，这样也就不枉了夫子平日对我们的教诲一场。"一个弟子嘎声嘎气地说着，几乎要哭了出来。

庄子听完，善意而又嘲讽地微笑了，他用手指点了点众弟子，说：

"你们的心意我是知道的。但我的心意呢，你们可知道？看来是懵懵然，一点也不知道。我，庄周，活着旷达，死也超脱。死了以后，是以天地为棺椁，以日月为玉璧，以星星为珍珠。那么，送葬的有没有呢，有的。"说到这里，庄子用手在空中画了个半弧形。"三山为我执绋，五岳为我扬幡，长江为我呜咽，黄河为我嚎啕。呵，一刹那间，乾坤变色，草木凋零，天地万物都在颤颤巍巍地替我送葬，肃肃穆穆地向我致哀。这样，而我呢，这下也真正做到了'天地与我并生，而万物与我为一'。你们想，这种治丧的排场还不宏伟壮丽吗？还不气象阔大吗？还不完美无缺吗？可是你们呢，学道多年，还摆脱不了世俗的桎梏，妄自菲薄，竟去效法俗人，搞那陈陋的一套。这岂不辜负了平日我对你们的教诲吗？"

众弟子耷拉着脑袋，恭恭敬敬地听着庄子的训话，脸上大半都露出三分愧色。隔了好一会儿，他们才支支吾吾地辩解道：

"是的，是的，夫子的教导振聋发聩，使弟子们如梦初醒，又得了一番教益，长了一番见识。可是，我们心里惦惦念念的很是不安，深怕假如没有一点遮掩，且不说风吹雨打，霜落雪降，就是那飞来飞去四处找食的老鹰，恐怕是不讲道理的，它可不管你张三、李四，一见人的尸体，就像饿狼扑食似的，大吃一通。这样，万一这畜牲冒犯、亵渎了夫子的千金之躯，那可真正如何是好呢？"

庄子躺在床上费劲地摇了一下头，使得下巴颏上的一把胡须跟着一起蓬蓬松松地晃动，他笑道：

"哈，我说，你们也真够糊涂的了。不用一点东西遮掩，固然会给老鹰吃，可是假如你们把我装在棺材，埋得深一些，难道天长日久一腐烂就不会给蝼蛄和蚂蚁吃吗？这两者的区别是：老鹰的胃口大，吃起来三顿两餐，干干脆脆，一扫而光；而蝼蛄和蚂蚁呢，嘴小肚浅，免不了要把我庄周的六尺之躯当成个肉山酒海的大粮仓，吃它个一年半载，三春六秋，或许还剩点下来储备饥荒。如今，你们一定要把我从老鹰的嘴里夺下来，去送给蝼蛄和蚂蚁排酒筵，这又何苦来呢？这是不公平的！况且，不管是谁吃了我，吃的只是我那迟早要腐烂的皮囊，它们能吃掉我庄周横亘六合、震耀千古的精神吗？不能，谈何容易，万万不能！再说，它们吃了之后，能上哪儿去呢，能逃出天外，飞出宇宙吗？不能！它们和我们一样，包括世上一切芸芸众生，如走的、飞的、爬的、游的，最后都将一古脑儿地归于宇宙，概莫例外，谁也逃不了！所以，我说，你们不必为这等事费心机费手脚，大可马马虎虎、随随便便，因为咱们总的归宿都是宇宙呀！"

附录

《庄子说道》的出典

《庄子与东郭子》取材于

《庄子·知北游》

　　东郭子问于庄子曰:"所谓道,恶乎在?"庄子曰:"无所不在。"东
郭子曰:"期而后可。"庄子曰:"在蝼蚁。"曰:"何其下邪?"曰:"在
稊稗。"曰:"何其愈下邪?"曰:"在瓦甓。"曰:"何其愈甚邪?"曰:
"在屎溺。"东郭子不应。庄子曰:"夫子之问也,固不及质。正、获之问
于监市履狶也, '每下愈况'。汝唯莫必,无乎逃物。至道若是,大言
亦然。"

《庄子谢绝相位》取材于

《史记·老子韩非列传》

　　楚威王闻庄周贤，使使厚币迎之，许以为相。庄周笑谓楚使者曰：
"千金，重利；卿相，尊位也。子独不见郊祭之牺牛乎？养食之数岁，衣
以文绣，以入大庙。当是之时，虽欲为孤豚，岂可得乎？子亟去，无污
我。我宁游戏污渎之中自快，无为有国者所羁，终身不仕，以快吾志焉。"

《庄子与魏王》取材于

《庄子·山木》

　　庄子衣大布而补之，正緳系履而过魏王。魏王曰："何先生之惫邪？"
庄子曰："贫也，非惫也。士有道德不能行，惫也；衣弊履穿，贫也，非
惫也，此所谓非遭时也。王独不见夫腾猿乎？其得枏梓豫章也，揽蔓其枝
而王长其间，虽羿、蓬蒙不能眄睨也。及其得柘棘枳枸之间也，危行侧
视，振动悼栗，此筋骨非有加急而不柔也，处势不便，未足以逞其能也。
今处昏上乱相之间而欲无惫，奚可得邪？此比干之见剖心，征也夫！"

《庄子与髑髅》取材于

《庄子·至乐》

　　庄子之楚，见空髑髅，髐然有形。撽以马捶，因而问之，曰："夫子

贪生失理而为此乎？将子有亡国之事、斧钺之诛而为此乎？将子有不善之行，愧遗父母妻子之丑而为此乎？将子有冻馁之患而为此乎？将子之春秋故及此乎？"于是语卒，援髑髅，枕而卧。夜半，髑髅见梦曰："子之谈者似辩士，视子所言，皆生人之累也，死则无此矣。子欲闻死之说乎？"庄子曰："然。"髑髅曰："死，无君于上，无臣于下，亦无四时之事，从然以天地为春秋，虽南面王乐，不能过也。"庄子不信，曰："吾使司命复生子形，为子骨肉肌肤，反子父母、妻子、闾里、知识，子欲之乎？"髑髅深矉蹙颊曰："吾安能弃南面王乐而复为人间之劳乎！"

《庄子与曹商》取材于

《庄子·列御寇》

宋人有曹商者，为宋王使秦。其往也，得车数乘。王说之，益车百乘。反于宋，见庄子，曰："夫处穷闾厄巷，困窘织屦，槁项黄馘者，商之所短也；一悟万乘之主而从车百乘者，商之所长也。"庄子曰："秦王有病召医。破痈溃痤者得车一乘，舐痔者得车五乘，所治愈下，得车愈多。子岂治其痔邪？何得车之多也？子行矣！"

《庄子与阿二》取材于

《庄子·列御寇》

人有见宋王者，锡车十乘。以其十乘骄稚庄子。庄子曰："河上有家贫恃纬萧而食者，其子没于渊，得千金之珠。其父谓其子曰：'取石来锻之！夫千金之珠，必在九重之渊而骊龙颔下。子能得珠者，必遭其睡也。

使骊龙而寤，子尚奚微之有哉！'今宋国之深，非直九重之渊也；宋王之猛，非直骊龙也。子能得车者，必遭其睡也；使宋王而寤，子为齑粉夫。"

《庄子授课：人生哲学》取材于以下诸篇

《庄子·逍遥游》

北冥有鱼，其名为鲲。鲲之大，不知其几千里也。化而为鸟，其名为鹏。鹏之背，不知其几千里也。怒而飞，其翼若垂天之云。是鸟也，海运则将徙于南冥。南冥者，天池也。

蜩与学鸠笑之曰："我决起而飞，抢榆枋，时则不至而控于地而已矣，奚以之九万里而南为？"适莽苍者，三飧而反，腹犹果然；适百里者，宿春粮；适千里者，三月聚粮。之二虫又何知！

《庄子·齐物论》

既使我与若辩矣，若胜我，我不若胜，若果是也？我果非也邪？我胜若，若不吾胜，我果是也？而果非也邪？其或是也？其或非也邪？其俱是也？其俱非也邪？我与若不能相知也。则人固受其黮暗，吾谁使正之？使同乎若者正之，既与若同矣，恶能正之？使同乎我者正之，既同乎我矣，恶能正之？使异乎我与若者正之，既异乎我与若矣，恶能正之？使同乎我与若者正之，既同乎我与若矣，恶能正之？然则我与若与人俱不能相知也，而待彼也邪？

《庄子·养生主》

庖丁为文惠君解牛，手之所触，肩之所倚，足之所履，膝之所踦，砉然响然，奏刀騞然，莫不中音，合于《桑林》之舞，乃中《经首》之会。

文惠君曰："嘻，善哉！技盖至此乎？"庖丁释刀对曰："臣之所好者道也，进乎技矣。始臣之解牛之时，所见无非全牛者；三年之后，未尝见全牛也；方今之时，臣以神遇而不以目视，官知止而神欲行。依乎天理，批大卻，导大窾，因其固然。技经肯綮之未尝，而况大軱乎！良庖岁更刀，割也；族庖月更刀，折也；今臣之刀十九年矣，所解数千牛矣，而刀刃若新发于硎。彼节者有间而刀刃者无厚，以无厚入有间，恢恢乎其于游刃必有余地矣。是以十九年而刀刃若新发于硎。虽然，每至于族，吾见其难为，怵然为戒，视为止，行为迟，动刀甚微，謋然已解，如土委地。提刀而立，为之而四顾，为之踌躇满志，善刀而藏之。"文惠君曰："善哉！吾闻庖丁之言，得养生焉。"

《庄子·则阳》

有国于蜗之左角者，曰触氏；有国于蜗之右角者，曰蛮氏。时相与争地而战，伏尸数万，逐北旬有五日而后反。

《庄子·人间世》

支离疏者，颐隐于脐，肩高于顶，会撮指天，五管在上，两髀为胁。挫针治繲，足以糊口；鼓筴播精，足以食十人。上征武士，则支离攘臂而游于其间；上有大役，则支离以有常疾不受功；上与病者粟，则受三钟与十束薪。夫支离者其形者，犹足以养其身，终其天年，又况支离其德者乎！

《庄子·德充符》

鲁有兀者叔山无趾，踵见仲尼。仲尼曰："子不谨，前既犯患若是矣。虽今来，何及矣！"无趾曰："吾唯不知务而轻用吾身，吾是以亡足。今吾来也，犹有尊足者存，吾是以务全之也。夫天无不覆，地无不载，吾以夫子为天地，安知夫子之犹若是也？"孔子曰："丘则陋矣！夫子胡不入乎？请讲以所闻。"无趾出。孔子曰："弟子勉之！夫无趾，兀者也，犹务学以复补前行之恶，而况全德之人乎！"

无趾语老聃曰："孔丘之于至人，其未邪？彼何宾宾以学子为？彼且以蕲以诚诡幻怪之名闻，不知至人之以是为己桎梏邪？"老聃曰："胡不直使彼以死生为一条，以可不可为一贯者，解其桎梏，其可乎？"无趾曰："天刑之，安可解！"

《庄子·大宗师》

子祀、子舆、子犁、子来四人相与语曰："孰能以无为首，以生为脊，以死为尻；孰知死生存亡之一体者，吾与之友矣！"四人相视而笑，莫逆于心，遂相与为友。俄而子舆有病，子祀往问之。曰："伟哉，夫造物者将以予为此拘拘也。"曲偻发背，上有五管，颐隐于齐，肩高于顶，句赘指天，阴阳之气有沴，其心闲而无事，跰𨁃而鉴于井，曰："嗟乎！夫造物者又将以予为此拘拘也。"

子祀曰："女恶之乎？"曰："亡，予何恶！浸假而化予之左臂以为鸡，予因以求时夜；浸假而化予之右臂以为弹，予因以求鸮炙；浸假而化予之尻以为轮，以神为马，予因以乘之，岂更驾哉！且夫得者，时也；失者，顺也。安时而处顺，哀乐不能入也，此古之所谓县解也，而不能自解者，物有结之。且夫物不胜天久矣，吾又何恶焉！"

俄而子来有病，喘喘然将死。其妻子环而泣之。子犁往问之，曰："叱！避！无怛化！"倚其户与之语曰："伟哉造化！又将奚以汝为？将奚以汝适？以汝为鼠肝乎？以汝为虫臂乎？"子来曰："父母于子，东西南北，唯命之从。阴阳于人，不翅于父母。彼近吾死而我不听，我则悍矣，彼何罪焉？夫大块以载我以形，劳我以生，佚我以老，息我以死。故善吾生者，乃所以善吾死也。今大冶铸金，金踊跃曰：'我且必为镆铘！'大冶必以为不祥之金。今一犯人之形而曰：'人耳！人耳！'夫造化者必以为不祥之人。今一以天地为大炉，以造化为大冶，恶乎往而不可哉！"成然寐，蘧然觉。

《庄子·应帝王》

南海之帝为儵，北海之帝为忽，中央之帝为浑沌。儵与忽时相与遇于浑沌之地，浑沌待之甚善。儵与忽谋报浑沌之德，曰："人皆有七窍以视听食息，此独无有，尝试凿之。"日凿一窍，七日而浑沌死。

《庄子授课：寓言小品》取材于以下诸篇

《庄子·达生》

纪渻子为王养斗鸡。十日而问："鸡已乎？"曰："未也，方虚憍而恃气。"十日又问，曰："未也，犹应向景。"十日又问，曰："未也，犹疾视而盛气。"十日又问，曰："几矣，鸡虽有鸣者，已无变矣，望之似木鸡矣，其德全矣。异鸡无敢应者，反走矣。"

《庄子·齐物论》

狙公赋芧，曰："朝三而暮四。"众狙皆怒。曰："然则朝四而暮三。"众狙皆悦。名实未亏而喜怒为用，亦因是也。

《庄子·列御寇》

朱泙漫学屠龙于支离益，单千金之家，三年技成而无所用其巧。

《庄子·秋水》

夔怜蚿，蚿怜蛇，蛇怜风，风怜目，目怜心。夔谓蚿曰："吾以一足踸踔而不行，予无如矣。今子之使万足，独奈何？"蚿曰："不然。子不见夫唾者乎？喷则大者如珠，小者如雾，杂而下者不可胜数也。今予动吾天机，而不知其所以然。"蚿谓蛇曰："吾以众足行，而不及子之无足，何也？"蛇曰："夫天机之所动，何可易邪？吾安用足哉！"蛇谓风曰："予动吾脊胁而行，则有似也。今子蓬蓬然起于北海，蓬蓬然入于南海，而似无有，何也？"风曰："然，予蓬蓬然起于北海而入于南海也，然而指我则胜我，鳅我亦胜我。虽然，夫折大木、蜚大屋者，唯我能也。"故以众小不胜为大胜也。为大胜者，唯圣人能之。

《庄子·齐物论》

罔两问景曰："曩子行，今子止；曩子坐，今子起。何其无特操与？"景曰："吾有待而然者邪？吾所待又有待而然者邪？吾待蛇蚹、蜩翼邪？恶识所以然？恶识所以不然？"

《庄子·秋水》

子独不闻夫坎井之蛙乎？谓东海之鳖曰："吾乐与！出跳梁乎井干之上，入休乎缺甃之崖。赴水则接腋持颐，蹶泥则没足灭跗。还虷蟹与科斗，莫吾能若也。且夫擅一壑之水，而跨跱坎井之乐，此亦至矣。夫子奚不时来入观乎？"东海之鳖左足未入，而右膝已絷矣。于是逡巡而却，告之海曰："夫千里之远，不足以举其大；千仞之高，不足以极其深。禹之时，十年九潦，而水弗为加益；汤之时，八年七旱，而崖不为加损。夫不为顷久推移，不以多少进退者，此亦东海之大乐也。"于是坎井之蛙闻之，适适然惊，规规然自失也。

《庄子授课：人物掌故》取材于以下诸篇

《庄子·天运》

孔子行年五十有一而不闻道，乃南之沛见老聃。老聃曰："子来乎？吾闻子，北方之贤者也！子亦得道乎？"孔子曰："未得也。"老子曰："子恶乎求之哉？"曰："吾求之于度数，五年而未得也。"老子曰："子又恶乎求之哉？"曰："吾求之于阴阳，十有二年而未得也。"老子曰："然，使道而可献，则人莫不献之于其君；使道而可进，则人莫不进之于其亲；使道而可以告人，则人莫不告其兄弟；使道而可以与人，则人莫不与其子孙。……以富为是者，不能让禄；以显为是者，不能让名。亲权者，不能与人柄，操之则栗，舍之则悲，而一无所鉴，以窥其所不休者，是天之戮民也。……"

孔子见老聃而语仁义。老聃曰："夫播糠眯目，则天地四方易位矣；蚊虻嘬肤，则通昔不寐矣。夫仁义憯然，乃愤吾心，乱莫大焉。吾子使天下无失其朴，吾子亦放风而动，总德而立矣！又奚杰杰然若负建鼓而求亡子者邪！夫鹄不日浴而白，乌不日黔而黑。黑白之朴，不足以为辩；名誉之观，不足以为广。泉涸，鱼相与处于陆，相呴以湿，相濡以沫，不若相忘于江湖。"

孔子见老聃归，三日不谈。弟子问曰："夫子见老聃，亦将何规哉？"孔子曰："吾乃今于是乎见龙。龙，合而成体，散而成章，乘云气而养乎阴阳。予口张而不能嗋。予又何规老聃哉？"

孔子谓老聃曰："丘治《诗》、《书》、《礼》、《乐》、《易》、《春秋》六经，自以为久矣，孰知其故矣，以奸者七十二君，论先王之道而明周、召之迹，一君无所钩用。甚矣！夫人之难说也？道之难明邪？"老子曰："幸矣，子之不遇治世之君！夫六经，先王之陈迹也，岂其所以迹哉！今子之所言，犹迹也。夫迹，履之所出，而迹岂履哉！夫白鶂之相视，眸子不运而风化；虫，雄鸣于上风，雌应于下风而风化。类自为雌雄，故风化。性不可易，命不可变，时不可止，道不可壅。苟得于道，无自而不可；失焉者，无自而可。"孔子不出三月，复见，曰："丘得之矣。乌鹊孺，鱼傅沫，细要者化，有弟而兄啼。久矣，夫丘不与化为人！不与化为人，安能化人。"老子曰："可，丘得之矣！"

《庄子·至乐》

支离叔与滑介叔观于冥伯之丘，昆仑之虚，黄帝之所休。俄而柳生其左肘，其意蹶蹶然恶之。支离叔曰："子恶之乎？"滑介叔曰："亡，予何恶！生者，假借也。假之而生生者，尘垢也。死生为昼夜。且吾与子观化而化及我，我又何恶焉！"

《庄子·达生》

孔子观于吕梁，县水三十仞，流沫四十里，鼋鼍鱼鳖之所不能游也。见一丈夫游之，以为有苦而欲死也。使弟子并流而拯之。数百步而出，被发行歌而游于塘下。孔子从而问焉，曰："吾以子为鬼，察子则人也。请问：蹈水有道乎？"曰："亡，吾无道。吾始乎故，长乎性，成乎命。与齐俱入，与汨偕出，从水之道而不为私焉。此吾所以蹈之也。"孔子曰："何谓始乎故，长乎性，成乎命？"曰："吾生于陵而安于陵，故也；长于水而安于水，性也；不知吾所以然而然，命也。"

《庄子·天地》

子贡南游于楚，反于晋，过汉阴，见一丈人方将为圃畦，凿隧而入井，抱瓮而出灌，搰搰然用力甚多而见功寡。子贡曰："有械于此，一日浸百畦，用力甚寡而见功多，夫子不欲乎？"为圃者卬而视之曰："奈何？"

曰："凿木为机，后重前轻，挈水若抽，数如泆汤，其名为槔。"为圃者忿然作色而笑曰："吾闻之吾师，有机械者必有机事，有机事者必有机心。机心存于胸中则纯白不备。纯白不备则神生不定，神生不定者，道之所不载也。吾非不知，羞而不为也。"子贡瞒然惭，俯而不对。有间，为圃者曰："子奚为者邪？"曰："孔丘之徒也。"为圃者曰："子非夫博学以拟圣，于于以盖众，独弦哀歌以卖名声于天下者乎？汝方将忘汝神气，堕汝形骸，而庶几乎！而身之不能治，而何暇治天下乎！子往矣，无乏吾事。"

　　子贡卑陬失色，顼顼然不自得，行三十里而后愈。其弟子曰："向之人何为者邪？夫子何故见之变容失色，终日不自反邪？"曰："始吾以为天下一人耳，不知复有夫人也。吾闻之夫子：事求可，功求成，用力少，见功多者，圣人之道。今徒不然。执道者德全，德全者形全，形全者神全。神全者，圣人之道也。托生与民并行而不知其所之，汒乎淳备哉！功利机巧必忘夫人之心。若夫人者，非其志不之，非其心不为。虽以天下誉之，得其所谓，謷然不顾；以天下非之，失其所谓，傥然不受。天下之非誉无益损焉，是谓全德之人哉！我之谓风波之民。"反于鲁，以告孔子。孔子曰："彼假修浑沌氏之术者也。识其一，不识其二；治其内而不治其外。夫明白入素，无为复朴，体性抱神，以游世俗之间者，汝将固惊邪？且浑沌氏之术，予与汝何足以识之哉！"

《庄子·齐物论》

　　南郭子綦隐机而坐，仰天而嘘，苔焉似丧其耦。颜成子游立侍乎前，曰："何居乎？形固可使如槁木，而心固可使如死灰乎？今之隐机者，非昔之隐机者也？"子綦曰："偃，不亦善乎而问之也！今者吾丧我，汝知之乎？汝闻人籁而未闻地籁，汝闻地籁而不闻天籁夫！"

　　子游曰："敢问其方。"子綦曰："夫大块噫气，其名为风。是唯无作，作则万窍怒呺。而独不闻之翏翏乎？山林之畏佳，大木百围之窍穴，似鼻，似口，似耳，似枅，似圈，似臼，似洼者，似污者。激者、謞者、叱者、吸者、叫者、譹者、宎者、咬者，前者唱于而随者唱喁，泠风则小和，飘风则大和，厉风济则众窍为虚。而独不见之调调之刁刁乎？"

子游曰："地籁则众窍是已，人籁则比竹是已，敢问天籁。"子綦曰："夫天籁者，吹万不同，而使其自已也。咸其自取，怒者其谁邪？"

《庄子·列御寇》

列御寇之齐，中道而反，遇伯昏瞀人。伯昏瞀人曰："奚方而反？"曰："吾惊焉。"曰："恶乎惊？"曰："吾尝食于十浆而五浆先馈。"伯昏瞀人曰："若是则汝何为惊已？"曰："夫内诚不解，形谍成光，以外镇人心，使人轻乎贵老，而齑其所患。夫浆人特为食羹之货，无多余之赢，其为利也薄，其为权也轻，而犹若是，而况于万乘之主乎！身劳于国而知尽于事。彼将任我以事，而效我以功。吾是以惊。"伯昏瞀人曰："善哉观乎！女处已，人将保汝矣！"无几何而往，则户外之屦满矣。伯昏瞀人北面而立，敦杖蹇之乎颐。立有间，不言而出。宾者以告列子，列子提屦，跣而走，暨乎门，曰："先生既来，曾不发药乎？"曰："已矣，吾固告汝曰：人将保汝。果保汝矣！非汝能使人保汝，而汝不能使人无保汝也，而焉用之感豫出异也。必且有感，摇而本性，又无谓也。与汝游者，又莫汝告也。彼所小言，尽人毒也。莫觉莫悟，何相孰也。巧者劳而知者忧，无能者无所求，饱食而敖游，泛若不系之舟，虚而敖游者也！"

《庄子与惠施的论辩：鱼儿乐否》取材于

《庄子·秋水》

庄子与惠子游于濠梁之上。庄子曰："儵鱼出游从容，是鱼之乐也。"

惠子曰："子非鱼，安知鱼之乐？"庄子曰："子非我，安知我不知鱼之
乐？"惠子曰："我非子，固不知子矣；子固非鱼也，子之不知鱼之乐，全
矣！"庄子曰："请循其本。子曰'汝安知鱼乐'云者，既已知吾知之而问
我。我知之濠上也。"

《庄子与惠施的论辩：无情之情》取材于

《庄子·德充符》

　　惠子谓庄子曰："人故无情乎？"庄子曰："然。"惠子曰："人而无情，
何以谓之人？"庄子曰："道与之貌，天与之形，恶得不谓之人？"惠子曰：
"既谓之人，恶得无情？"庄子曰："是非吾所谓情也。吾所谓无情者，言
人之不以好恶内伤其身，常因自然而不益生也。"惠子曰："不益生，何以
有其身？"庄子曰："道与之貌，天与之形，无以好恶内伤其身。今子外乎
子之神，劳乎子之精，倚树而吟，据槁梧而瞑。天选子之形，子以坚
白鸣。"

《庄子与惠施的论辩：无用之用》取材于

《庄子·外物》

　　惠子谓庄子曰："子言无用。"庄子曰："知无用而始可与言用矣。夫
地非不广且大也，人之所用容足耳，然则厕足而垫之致黄泉，人尚有用
乎？"惠子曰："无用。"庄子曰："然则无用之为用也亦明矣。"

《庄子访惠施》取材于

《庄子·秋水》

　　惠子相梁，庄子往见之。或谓惠子曰："庄子来，欲代子相。"于是惠子恐，搜于国中三日三夜。庄子往见之，曰："南方有鸟，其名为鹓鶵，子知之乎？夫鹓鶵发于南海而飞于北海，非梧桐不止，非练实不食，非醴泉不饮。于是鸱得腐鼠，鹓鶵过之，仰而视之曰：'吓！'今子欲以子之梁国而吓我邪？"

《庄子妻死》取材于

《庄子·至乐》

　　庄子妻死，惠子吊之，庄子则方箕踞鼓盆而歌。惠子曰："与人居，长子、老、身死，不哭亦足矣，又鼓盆而歌，不亦甚乎！"庄子曰："不然。是其始死也，我独何能无概！然察其始而本无生；非徒无生也，而本无形；非徒无形也，而本无气。杂乎芒芴之间，变而有气，气变而有形，形变而有生。今又变而之死。是相与为春秋冬夏四时行也。人且偃然寝于巨室，而我噭噭然随而哭之，自以为不通乎命，故止也。"

《庄子过惠施之墓》取材于

《庄子·徐无鬼》

　　庄子送葬，过惠子之墓，顾谓从者曰："郢人垩慢其鼻端若蝇翼，使匠人斲之。匠石运斤成风，听而斲之，尽垩而鼻不伤，郢人立不失容。宋元君闻之，召匠石曰：'尝试为寡人为之。'匠石曰：'臣则尝能斲之。虽然，臣之质死久矣！'自夫子之死也，吾无以为质矣，吾无与言之矣！"

《庄子弹鹊》取材于

《庄子·山木》

庄周游于雕陵之樊，睹一异鹊自南方来者。翼广七尺，目大运寸，感周之颡，而集于栗林。庄周曰："此何鸟哉！翼殷不逝，目大不睹。"蹇裳躩步，执弹而留之。睹一蝉方得美荫而忘其身。螳螂执翳而搏之，见得而忘其形。异鹊从而利之，见利而忘其真。庄周怵然曰："噫！物固相累，二类相召也。"捐弹而反走，虞人逐而谇之。庄周反入，三日不庭。蔺且从而问之："夫子何为顷间甚不庭乎？"庄周曰："吾守形而忘身，观于浊水而迷于清渊。且吾闻诸夫子曰：'入其俗，从其令。'今吾游于雕陵而忘吾身，异鹊感吾颡，游于栗林而忘真。栗林虞人以吾为戮，吾所以不庭也。"

《庄子与弟子》取材于

《庄子·山木》

庄子行于山中，见大木，枝叶盛茂。伐木者止其旁而不取也。问其故，曰："无所可用。"庄子曰："此木以不材得终其天年。"夫子出于山，舍于故人之家。故人喜，命竖子杀雁而烹之。竖子请曰："其一能鸣，其一不能鸣，请奚杀？"主人曰："杀不能鸣者。"明日，弟子问于庄子曰：

"昨日山中之木，以不材得终其天年；今主人之雁，以不材死。先生将何处?"庄子笑曰："周将处乎材与不材之间。材与不材之间，似之而非也，故未免乎累。若夫乘道德而浮游则不然，无誉无訾，一龙一蛇，与时俱化，而无肯专为。一上一下，以和为量，浮游乎万物之祖。物物而不物于物，则故可得而累邪！此神农、黄帝之法则也。若夫万物之情，人伦之传则不然：合则离，成则毁，廉则挫，尊则议，有为则亏，贤则谋，不肖则欺。胡可得而必乎哉！悲夫，弟子志之，其唯道德之乡乎!"

《庄子将死》取材于

《庄子·列御寇》

庄子将死，弟子欲厚葬之。庄子曰："吾以天地为棺椁，以日月为连璧，星辰为珠玑，万物为赍送。吾葬具岂不备邪？何以加此！"弟子曰："吾恐乌鸢之食夫子也。"庄子曰："在上为乌鸢食，在下为蝼蚁食，夺彼与此，何其偏也。"

后　记

　　十年前，时为1979年，当我把迁入安徽某县去插队落户的已达十年的户口重新迁回上海后，赋闲在家，颇感寂寞。由于某种契机，我经过八九年自学，其时已浏览完十三经、廿四史以及诸子百家等古代典籍——于是抱着一部我最为钟情的《庄子》，一篇一篇写我的《庄子说道》，共写了几万字，后因进厂工作，遂中途辍笔。

　　十年后，当我把这些旧稿取出来翻翻，宛如在拨弄年与时逝的片片青春骨骸，不禁感慨系之；旧作有些意思，也有些粗糙，但我也不想修改润饰——如同替它披上一件颇符时尚的盔甲，只是又补写了两万多字，弄得有头有脸略为齐整一些。

1990年11月11日

于华东化工学院文化研究所

图书在版编目(CIP)数据

庄子说道／张荣明著.—上海：华东师范大学出版社，
2007.12
(六点阅读)
ISBN 978-7-5617-5786-4

Ⅰ.庄... Ⅱ.张... Ⅲ.①道家②庄子-研究 Ⅳ.B223.55

中国版本图书馆 CIP 数据核字(2007)第 204305 号

上海六点文化传播有限公司
Shanghai Ⅵ Horae Publishers, Inc.
企划人 倪为国

特约编辑／欧雪琴
封面设计／奇文云海

庄子说道

张荣明 著

统　　筹　储德天
责任编辑　审校部编辑工作组
责任制作　李　瑾
出版发行　华东师范大学出版社
社　　址　上海市中山北路 3663 号　邮编　200062
电　　话　021-62450163 转各部　行政传真：021-62572105
网　　址　www.ecnupress.com.cn　www.hdsdbook.com.cn
市 场 部　传真 021-62869887　021-62602316
邮购零售　电话 021-62869887　021-54340188

印 刷 者　上海华成印刷装帧有限公司
开　　本　787×1092　1/16
插　　页　2
印　　张　9.5
字　　数　75 千字
版　　次　2008 年 1 月第 1 版
印　　次　2008 年 1 月第 1 次
书　　号　ISBN 978-7-5617-5786-4/B·381
定　　价　19.80 元
出 版 人　朱杰人

(如发现本版图书有印订质量问题，请寄回本社市场部调换或电话 021-62865537 联系)